MARCO POLO

ATH EN

MARCO POLO AUTOR
Klaus Bötig
Was für eine Bescherung: An einem Heiligabend kam der Bremer Griechenland-Guru erstmals nach Athen. Seitdem lässt ihn die Stadt um die Akrópolis nicht mehr los. Viele Kellner wissen, wie er seinen griechischen Mokka trinkt (ohne Zucker), und manch einer kennt auch seinen Lieblingswein (Retsina). An Athen stört ihn nur, dass auch hier der Tag nur 24 Stunden hat.

DIE TOUREN-APP

zu den Erlebnistouren zeigt, wo's langgeht:
inklusive Tourenverlauf und Offline-Karte

EVENTS & NEWS

Schnell die wichtigsten Infos auf dem Smartphone:
Events, News, neue Insider-Tipps und ggf. aktualisierte
Erlebnistouren als PDF zum Downloaden

HOLEN SIE MEHR AUS IHREM MARCO POLO RAUS!

SO EINFACH GEHT'S!

1 go.marcopolo.de/ath

2 downloaden und entdecken

GO!

OFFLINE!

6	**INSIDER-TIPPS** Von allen Insider-Tipps finden Sie hier die 15 besten
8	**BEST OF …** 🟢 Tolle Orte zum Nulltarif 🔵 Typisch Athen 🟠 Schön, auch wenn es regnet 🟣 Entspannt zurücklehnen
12	**AUFTAKT** Entdecken Sie Athen!
18	**IM TREND** In Athen gibt es viel Neues zu entdecken
20	**FAKTEN, MENSCHEN & NEWS** Hintergrundinformationen zu Athen

26	**SEHENSWERTES** 28 Rund um die Akrópolis 43 Emborikó Trígono & Kerameikós 47 Zwischen Likavittós & Stadion 51 Piräus 53 Außerdem Sehenswert 58 Außerhalb

62	**ESSEN & TRINKEN** Die besten Adressen
72	**EINKAUFEN** Shoppingspaß und Bummelfreuden

SYMBOLE

INSIDER TIPP Insider-Tipp

★ Highlight

🟢🔵🟠🟣 Best of …

🔆 Schöne Aussicht

🌿 Grün & fair: für ökologische oder faire Aspekte

(*) kostenpflichtige Telefonnummer

PREISKATEGORIEN HOTELS

€€€ über 200 Euro

€€ 100–200 Euro

€ bis 100 Euro

Preise pro Nacht (von Mai bis Oktober) für 2 Personen im Doppelzimmer mit Frühstück

PREISKATEGORIEN RESTAURANTS

€€€ über 25 Euro

€€ 16–25 Euro

€ bis 16 Euro

Die Preise gelten für ein Hauptgericht mit einem halben griechischen Salat

INHALT

80 AM ABEND
Wohin ausgehen?

88 ÜBERNACHTEN
Adressen von günstig bis luxuriös

96 ERLEBNISTOUREN
96 Athen perfekt im Überblick
100 Ein Tag im Altstadtviertel Pláka
103 Grünes und klassizistisches Athen
106 Die Häfen von Athen

108 MIT KINDERN UNTERWEGS
Die besten Ideen für Kinder

110 EVENTS, FESTE & MEHR
Alle Termine auf einen Blick

112 LINKS, BLOGS, APPS & CO.
Zur Vorbereitung und vor Ort

114 PRAKTISCHE HINWEISE
Von A bis Z

120 SPRACHFÜHRER

124 CITYATLAS & STRASSENREGISTER

146 REGISTER & IMPRESSUM

148 BLOSS NICHT!

GUT ZU WISSEN
Sport-Schau → S. 24
Einfach mal auszeiten → S. 47
Fit in the City → S. 57
Lieblings(adr)essen → S. 66
Spezialitäten → S. 68
Shopping in Museen → S. 76
Lesehunger & Augenfutter → S. 86
Nur nicht (ver)schlafen → S. 92
Feiertage → S. 111
Was kostet wie viel? → S. 115
Wetter → S. 118

KARTEN IM BAND
(126 A1) Seitenzahlen und Koordinaten verweisen auf den Cityatlas
Es sind auch die Objekte mit Koordinaten versehen, die nicht im Cityatlas stehen
(O) Ort/Adresse liegt außerhalb des Kartenausschnitts
Übersichtskarte Athen mit Umland auf S. 138/139

(🕮 A1) verweist auf die herausnehmbare Faltkarte

UMSCHLAG VORN:
Die wichtigsten Highlights

UMSCHLAG HINTEN:
Karten zur Akrópolis, zur antiken Agorá und zum Kerameikós sowie ein Metroplan

Die besten MARCO POLO Insider-Tipps

Von allen Insider-Tipps finden Sie hier die 15 besten

INSIDER TIPP **Platz behauptet**
Für die kleine Kapelle der *Agía Dínami* musste ein Hochhaus auf Stelzen gestellt werden, denn das kleine Gotteshaus ist den ganzen Tag über ein von Gläubigen viel besuchter Ort (Foto o.) → S. 29

INSIDER TIPP **Gesundes aus Baumharz**
Im *Mastíha Shop* sind sämtliche Produkte – von Kosmetika, Ölen und Marmeladen bis hin zu Kaugummi und Spirituosen – auf Basis des Harzes vom Mastixstrauch hergestellt → S. 79

INSIDER TIPP **Steinzeitschmuck**
In der Boutique des *Museums für kykladische Kunst* finden Sie schönen Schmuck, wie ihn schon Wilma Feuerstein trug → S. 50

INSIDER TIPP **Gut gängige Souvenirs**
Mit Schuhen des Athener Designers *Tsakíris Mállas* tragen Sie Athen an den Füßen. Ob jung und frech oder eher gediegen – alle Preise bewegen sich im Rahmen → S. 79

INSIDER TIPP **Beste Lammkoteletts**
Zentral gelegen und doch abseits aller gängigen Urlauberrouten gilt die schlichte Taverne *To Stéki tou Ilía* als eine der besten Adressen, wenn es um zarte Lammkoteletts geht → S. 70

INSIDER TIPP **Fisch in der Altstadt**
In der Taverne *Psarás*, die sich unterhalb der Akrópolis in der Pláka versteckt, ist der Fisch so frisch wie direkt am Meer und das Ambiente fast dörflich (Foto re.) → S. 67

INSIDER TIPP **Flohmarkt im Kleinen**
Das unscheinbare, liebenswert altmodische Antiquitätengeschäft *Amorgós* hat sich auf griechische Volkskunst spezialisiert, die in jeden Koffer passt → S. 74

INSIDER TIPP **Kauft griechisch!**
Viele junge Athener Designer, ein Label für Frauen: *La Stampa*. Da hilft man/frau Griechenlands Wirtschaft doch gern aus der Klemme → S. 77

INSIDER TIPP Die Dichter verstehen
Eine antike Tragödie oder Komödie in einem antiken Theater wird zu einem tollen Erlebnis, wenn Sie sich vorher in einer der deutschen *Buchhandlungen* Athens eine deutsche Übersetzung besorgen → S. 74

INSIDER TIPP Großer Auftritt
Gagarin 205 heißt eine der größten Konzerthallen Athens. Rock und Metal sind die bevorzugten Musikstile → S. 84

INSIDER TIPP Café mit Programm
Das *Vryssáki* in der Pláka gleich hinter der Römischen Agorá lockt nicht nur mit Akrópolis-Blick, sondern abends auch mit Ausstellungen, Kleinkunst, Film und Livemusik → S. 65

INSIDER TIPP Eine Nacht am Meer
In warmen Sommernächten strömt die Athener Diskoszene ans Meer und verbringt die Nacht in Clubs wie der *Akrotíri Boutique*. Mit internationalem Mainstream geht's los, am frühen Morgen wird häufig auch Aléxis Sorbás nachgeeifert → S. 82

INSIDER TIPP Athen von oben
Die Cafébar auf der Dachterrasse des *A for Athens* direkt am Monastiráki-Platz ist eine Top-Location: Sie gilt als eine der 50 besten Cocktailbars Europas, ist tagsüber Kaffeetreff der einheimischen Jugend und bietet einen Rundblick über ganz Athen → S. 65

INSIDER TIPP Spritz, griechisch
Im *Clumsies*, einer der besten Cocktailbars in Europa, geht auch der Spritz neue Wege und vermählt sich mit griechischen Weinen und Spirituosen → S. 83

INSIDER TIPP Mittendrin
Ob allein oder mit der ganzen Clique im Apartment: Im *Live in Athens* mitten in Athen fühlen Sie sich ganz zur Szene von Psirrí gehörig. Die jungen Wirte sind ein Teil von ihr, halten die aktuellsten Tipps bereit → S. 92

BEST OF ...

TOLLE ORTE ZUM NULLTARIF
Neues entdecken und den Geldbeutel schonen

SPAREN

● *Fragen statt Führung*
Tolle Idee: Im *Akrópolis-Museum* können Sie bei den Museumswärtern kostenlos Fachfragen zu Objekten stellen. Das erspart eine komplette Führung → S. 38

● *Busfahrt im Hafen*
Im größten Fährhafen Europas, *Kantharós*, ist immer eine Menge los. Von Kai zu Kai zu schlendern dauert Stunden. Wer müde wird, besteigt einen der im Hafengebiet kostenlos verkehrenden Passagierbusse, statt an der Straße in einen regulären Stadtbus zu steigen → S. 52

● *WLAN für alle*
Um im Internet zu surfen, müssen Sie in Athen und Piräus nicht unbedingt Gebühren zahlen. *Kostenlose Hotspot-Areas* sind viele öffentliche Plätze, der Hafen und das Flughafen-Terminal → S. 116

● *Antike mit Aussicht*
Auf dem *Areopag* tagte einst der oberste Gerichtshof des antiken Athen. Heute sitzen hier tags und nachts Besucher, blicken über Athens Häusermeer und genießen das Gefühl, an einem historischen Ort verweilen zu dürfen, ohne Eintritt bezahlen zu müssen → S. 51

● *Metro oder Museum?*
Athener Metrostationen sind oft auch Museen. In der Station *Monastiráki* sehen Sie ein gemauertes Bachbett und Wasserleitungen aus der Antike, in der Station *Síntagma* einen meterhohen Aufschluss mit Funden aus verschiedensten Epochen. In der Station *Acrópolis* (Foto) ziert eine Replik des Parthenon-Frieses die Wände → S. 46, 47

● *Tage für Sparfüchse*
Am 6. März, 18. April, 18. Mai, am letzten Septemberwochenende, am 28. Oktober und an jedem ersten Sonntag im Monat von November bis März ist der Eintritt zur Akrópolis, zu allen archäologischen Stätten und in viele Museen frei. Da lassen sich leicht 40 Euro einsparen! → S. 115

●●●● Diese Punkte zeichnen in den folgenden Kapiteln die Best-of-Hinweise aus

TYPISCH ATHEN
Das erleben Sie nur hier

● *Souvláki und Kebab*
Fleischspieß und gegrillte Hackfleischwürstchen auf Fladenbrot locken mittags Athener jeden Alters an die Tische der rustikalen Grilltaverne *O Thanásis* auf einer geschäftigen Gasse nahe dem Monastiráki-Platz. Setzen Sie sich dazu: Straßenmusikanten und ambulante Händler gehen von Tisch zu Tisch, Touristen und Shopper ziehen wie auf einem Laufsteg an Ihnen vorüber → S. 71

● *Flohmarktpreise*
Im Zeichen der Wirtschafts- und Finanzkrise kaufen immer mehr Athener in den bunten, trubeligen Flohmarktgassen ein, die um den *Monastiráki-Platz* herum liegen. Jeans, Hemden, T-Shirts und Schuhe sind hier nämlich besonders günstig zu haben → S. 74

● *Abends trifft man sich*
Abends bleibt kaum ein Athener zu Hause. Ein typischer Treffpunkt, um Neuigkeiten auszutauschen, ist die frühere Weinhandlung und heutige Weinbar *Vrettós* in der Pláka, wo farbenfroher Likör in Flaschen die Regale füllt und eine Wand voller Weinfässer steht (Foto) → S. 87

● *Tavernen im Keller*
Kleine Kellertavernen sind eine markante Eigenart Athens. In der Taverne *Diporto* im Marktviertel ist Schlichtheit Kult. Freunde und Fremde sitzen an nur acht Tischen beisammen, die Kellner sprechen nur Griechisch, aber es gibt täglich immerhin sechs stets marktfrische Gerichte → S. 70

● *Hafenidylle*
Athen ist eine Großstadt zwischen Bergen und Meer. Beides haben die Athener vor Augen, wenn Sie in den Fischrestaurants und Musikcafés am *Mikrolímano-Hafen* sitzen, dem kleinsten Hafenbecken von Piräus voller Fischerboote und Yachten → S. 52

● *Tanzen auf Griechisch*
Griechische Tänze und Musik gehören zu Athen wie die Akrópolis. Wer sie folkloristisch und sehr fotogen aufbereitet wünscht, verbringt einen Abend zum Beispiel in der Taverne *Kritikoú* in der Altstadtgasse Mnisikléous, wo sich ein Musiklokal ans nächste reiht → S. 85

BEST OF ...

SCHÖN, AUCH WENN ES REGNET
Aktivitäten, die Laune machen

REGEN

● *Virtuelle Antike*
Modernste Technologie entführt Sie im *Hellenic Cosmos* ins antike Athen, nach Olympia oder Milet. Sie können am Leben des Altertums aktiv teilnehmen, indem Sie z. B. beim „Scherbengericht" selbst mit abstimmen → **S. 56**

● *Einkaufstempel*
In *The Mall* können Sie gut einen ganzen Tag verbringen. Fast 150 Geschäfte vor allem für Mode, Schuhe, Schönheit und Deko warten auf Ihren Besuch, dazu Cafés, Restaurants, Kinos ... (Foto) → **S. 75**

● *Höhlenwasser*
Die einzigen Wassertropfen, die Sie in der *Höhle von Peanía* sehen werden, sind jahrhundertealt, und sie fallen von bildschönen Tropfsteingebilden auf Sie hinunter → **S. 109**

● *Akrópolis bei Regen*
Das Akrópolis-Museum ist ein Höhepunkt jeder Athen-Reise, auch wegen seiner *Kafetéria*, in der Sie preiswert und doch stilvoll Spezialitäten aus allen Regionen kosten können – selbst bei Regen auf der überdachten Terrasse mit vollem Akrópolis-Blick → **S. 70**

● *Mittendrin*
In den Athener *Markthallen* können Sie das griechische Volksleben in vielen Varianten erleben und unter Einheimischen ein kräftiges Süppchen genießen → **S. 45**

● *Schutz und Schatten der Arkaden*
Die historische Einkaufspassagen zwischen den Straßen vom Síntagma- zum Omónia-Platz wurden in den letzten Jahren wieder aufgepeppt. Da kann man nicht nur shoppen, sondern auch gut flanieren und rasten. Auf Luxus setzt die *Stoá Spiromílou* mit ihrem eleganten Caférestaurant *Pasaji* → **S. 75, 67**

ENTSPANNT ZURÜCKLEHNEN
Durchatmen, genießen und verwöhnen lassen

● **Ein warmes Bad**
Wellness zu angenehmen Preisen bietet Ihnen der *Thermalbadesee von Vouliagméni* vor einer glatten Felswand. Im See können Sie schwimmen, sich am Ufer sonnen und auf Wunsch auch noch medizinische Massagen in Anspruch nehmen → S. 47, 109

● **Stars unter Sternen**
Im Freiluftkino *Cine Paris* in der Pláka sitzen Sie auf mehreren Ebenen auf einem Hausdach oder direkt an der Bar, sehen auf der Leinwand englischsprachige aktuelle Filme oder Klassiker wie „Aléxis Sorbás" und können den Blick zwischendurch immer wieder von den Hollywoodstars zur Akrópolis schweifen lassen → S. 84

● **Wellness auf Griechisch**
Das Spa im Luxushotel *Grande Bretagne* wird auch von Athenern gut frequentiert. Neben Treatments aus aller Welt gibt es hier auch griechische Varianten: mit Joghurt und Honig oder dem Harz des Mastixstrauchs – und sogar eine Massage mit Ouzoöl (Foto) → S. 90

● **Klassische Klänge**
Wenn Sie bei klassischer Musik am besten entspannen können, sollten Sie ein Konzert in Athens moderner Musikhalle *Mégaro Mousikís* mit ihrer ausgezeichneten Akustik nicht versäumen → S. 85

● **Siesta zwischen Altertümern**
An den meisten archäologischen Stätten Athens herrscht immer viel Betrieb. Im leicht gewellten Gelände des *Kerameikós* ist das anders. Da finden Sie gewiss ein schattiges Plätzchen im Gras unter einem Baum, an dem Sie sich in die Antike träumen können → S. 45

● **Inselhopping ohne Stress**
Fährfahrpläne und Metroverbindungen sind für Sie kein Thema, wenn Sie per Bustransfer eine *Tageskreuzfahrt* zu den drei Inseln Ägina, Póros und Hydra buchen. Schon die Schiffsfahrt unter der Sonne des Mittelmeers ist Entspannung pur → S. 60

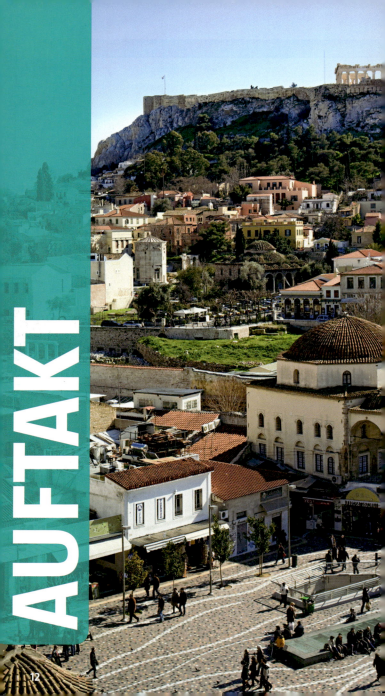

ENTDECKEN SIE ATHEN!

Schon im Landeanflug auf Athen enthüllt die griechische Metropole einen Aspekt ihrer Schönheit. Aus welcher Richtung die Maschine auch kommt, schwebt sie immer über Inseln und Ägäis ein, fällt der Blick aus den Kabinenfenstern auf hohe Berge, Strände, felsige Küsten und ein überwiegend weißes Häusermeer, in dem fast die Hälfte aller Hellenen zu Hause ist.

Nur zwei bis drei Stunden nach der Landung können Sie bereits mitten in der lebendigen Athener Geschichte sitzen, denn die Verkehrsverbindungen vom Flughafen in die Innenstadt sind rund um die Uhr ausgezeichnet. Einen besonders schönen Einstieg ins Athener Lebensgefühl bieten Ihnen die *Straßencafés in der Odós Adrianoú* gleich gegenüber der antiken Agorá. Hier überblicken Sie das parkähnliche Gelände des *antiken Marktplatzes*, auf dem einst große Philosophen wie Sokrates und Platon wandelten, und schauen auf das Thiseíon, Griechenlands besterhaltenen antiken Tempel. Dahinter erheben sich der nackte Fels des Areopags und der steile Felshang der von Tempeln gekrönten Akrópolis. Zwischen den Cafés und der Agorá rattert alle paar Minuten Athens älteste Metrolinie vorbei, auf der anderen Seite der Fußgängerpromenade sitzen Straßenhändler, die Trödel feilbieten. Straßenmusikanten ziehen

Bild: Blick über den Monastiráki-Platz auf die Akrópolis

vorbei und spielen meist mehr oder minder gut „Ein Schiff wird kommen". In Ihrem Rücken erlebt das Flohmarktviertel mit seinen vielen Billiggeschäften im Zeichen der Wirtschafts- und Finanzkrise einen willkommenen Aufschwung.

Wenn Sie dann zu einem ersten Stadtrundgang aufbrechen, werden Sie schnell feststellen, wie kurz die Entfernungen zwischen fast allen wichtigen historischen Sehenswürdigkeiten, *ganz unterschiedlichen Stadtteilen* mit fotogenen Ansichten, Einkaufs- und Vergnügungsvierteln sind. In Athen brauchen Sie auf keinen Fall ein Auto und nur selten eine der drei Metrolinien, einen der abgasarmen Busse, einen Trolleybus oder die hier Tram genannte, hochmoderne Straßenbahn. Fast alles erreichen Sie bequem und ohne langweilige Durststrecken zu Fuß. Anders als noch kurz vor den Olympischen Sommerspielen 2004, die Athen stark verändert haben, brauchen Sie den einst berüchtigten Athener Smog nicht mehr zu fürchten. Die Luft in Athen ist dank zahlreicher Verkehrsbeschränkungen und neuer Massenverkehrsmittel deutlich sauberer geworden, immer mehr Straßen werden zu *reinen Fußgängerzonen*. Überhaupt bessert sich das Umweltbewusstsein der Athener zwar langsam, aber stetig. So beteiligen sich immer mehr Stadtbewohner am Müll-Recycling oder installieren auf ihren Dächern Sonnenkollektoren zur Warmwasserbereitung.

> **In Athen kann man fast alles zu Fuß erledigen**

Durch Athen zu bummeln macht Spaß und wird nie langweilig. Auf dem Weg vom Thissío, die Nordseite des Akrópolis-Hügels entlang zum Akrópolis-Museum fühlen

Ballett der Evzonen in ihrer traditionellen Uniformtracht: Wache vor dem Parlament

AUFTAKT

Sie sich kaum noch in einer Großstadt. Links säumen berühmte Altertümer die breite, ganz **Fußgängern vorbehaltene Promenade**, die einmal eine vierspurige Autostraße war. Rechts sind niedrige Hügel von dichtem Grün bedeckt, zwischen denen sich antike Bauten verstecken: die Pnyx als Stätte der antiken Volksversammlung oder das Philopáppos-Denkmal. Im modernen Akrópolis-Museum, das selbst schon eine architektonische Sehenswürdigkeit darstellt, werden Sie schließlich auf vielfältige Weise mit Athens bekanntestem Bauwerk bekannt gemacht – und können auf der Terrasse dieses **Museums von Weltrang** im Angesicht der antiken Tempel in einer schicken Cafeteria Spezialitäten aus ganz Griechenland genießen. Auf den Tellern können Käse von den Ägäischen Inseln oder Wurst aus Mykonos oder Léfkas liegen, in den Gläsern schimmert griechischer Wein oder eine traditionelle Pflaumenlimonade.

> **Antike Bauten mitten in dichtem Grün**

Gehen Sie weiter um die Akrópolis herum, kommen Sie sogleich in Athens Altstadt, die Pláka. Sie ist der **Kern des neuen Athens**, das nach dem Befreiungskrieg gegen die Türken 1821–29 seine Wiedergeburt erlebte. Als Athen 1834 dann Hauptstadt des befreiten Griechenlands wurde, hatte es nur 5000 Bewohner, von denen viele direkt auf der Akrópolis zwischen den Tempelruinen lebten. Zunehmende Industrialisierung nach dem Ende des 19. Jhs. und die Umsiedlung Hunderttausender Griechen aus Kleinasien ins Gebiet der Metropole nach dem gescheiterten Feldzug der Hellenen gegen Ankara 1922/23 brachten ein enormes Bevölkerungswachstum mit sich. Heute zählt die Stadt mit all ihren Vorstädten etwa 3,8 Mio. Menschen, das eigentliche Athen hat aber nur ungefähr 664 000 Einwohner.

Zumeist in zarten Ockertönen gehaltene, ziegelgedeckte Häuser und klassizistische Stadtvillen aus dem 19. und frühen 20. Jh. säumen in der Pláka die meist autofreien Gassen, beherbergen kleine Museen, Galerien und historische Archive. Anders als am verkehrsreichen, durch seine Luxushotels und das Parlamentsgebäude repräsentativen Síntagma-Platz laden in der Pláka kleine, ganz urbane Plätze zur Rast, und in vielen kleinen Hotels können Sie hier mitten in der Geschichte wohnen. An den **Hauptachsen der Pláka** reiht sich Laden an Laden, Taverne an Taverne. Nur ein paar Meter weiter sitzen Katzen auf Fensterbänken, fühlen Sie sich – wie im **Stadtviertelchen**

Anafiótika – in ein ägäisches Inseldorf versetzt. Und überall entdecken Sie antike Ruinen und kleine mittelalterliche Kirchen. Diese vielen historischen Bauten stehen nicht isoliert wie deplatzierte Relikte aus längst vergangenen Zeiten im Straßenbild, sondern sind ins Alltagsleben eingebunden. In keiner anderen Großstadt Europas ist die Antike noch so präsent wie hier, Rom ausgenommen. Doch in Rom künden Bauwerke von der Großmannssucht der Kaiser, in Athen sind sie größtenteils eindrucksvolle Zeugnisse des *ersten demokratischen Staats* der Geschichte. Hier wurde zuerst gebaut und gedacht, was die Römer später nachahmten, technisch verbesserten und schließlich – wie das Theater mit der Tierhatz und den Gladiatorenkämpfen oder die Tempel zur Kaiserverehrung – entwürdigten und entweihten.

Zum besonderen Flair der Athener Innenstadt tragen auch andere, an die Pláka angrenzende Stadtviertel bei, die noch bis vor wenigen Jahrzehnten reine Industrie- und Gewerbeviertel waren. Im *Thissío-Viertel* trifft sich die Jugend bei Rockmusik in den ehemaligen königlichen Pferdeställen, zeigt eine Galerie moderne Kunst in den Räumen einer einstigen Hutfabrik. Im *Psirrí-Viertel* werden heute noch tagsüber in vielen kleinen Werkstätten Schuhe, Taschen und andere Lederwaren genäht, während abends die Tavernen, Bars und Musiklokale überwiegend junge Leute aus der ganzen Stadt anziehen. Sogar der alte Gasometer im *Gázi-Viertel* hat eine neue Verwendung als Kunstgalerie gefunden, um die herum Bars und Restaurants auch wohlhabende Gäste in renommierte Feinschmeckerrestaurants locken.

Wo Gegenwart mit Geschichte verschmilzt

Gegenwart und Geschichte verschmelzen in Athen überall miteinander. Unvergesslich werden Ihnen die Minuten sein, die Sie auf einer Parkbank im Nationalgarten, unter einem Olivenbaum auf dem antiken Kerameikós-Friedhof oder auf dem Rasen unterhalb des Hephaistos-Tempels verträumen. Einzigartig ist das Plätzchen auf dem Areopag, wo vor über 2500 Jahren Athens oberster Gerichtshof tagte und von dem aus Sie abends eine fantastische und obendrein kostenlose Aussicht über das weite Lichtermeer Athens genießen. Und vielleicht lässt sich nirgends besser als auf der Akrópolis über den Fortschritt der Menschheit nachdenken, wenn Sie sehen, wie viel *grandiose Schönheit* die Menschen der Antike ganz ohne Computer, Beton und moderne Baumaschinen schufen.

Fast ebenso reizvoll kann es sein, sich einfach auf die *griechische Lebensart* einzulassen und die Kontraste zu beobachten, die unsere Zeit mit sich bringt. Die gut gekleideten jungen Leute mit iPhone und Sportwagenschlüsseln auf dem Kaffeehaustisch vor sich gehören ebenso dazu wie die Hunderttausende legalen und illegalen Immigranten aus Afrika und Asien, die Ihnen überall in der Stadt als Straßenverkäufer von schwarz gebrannten DVDs und Billigelektronik begegnen werden, oder wie die traditionellen Losverkäufer, die Ihnen mit ihren Rubellosen das große Glück versprechen. Die Maronengriller am Straßenrand sind ebenso ein Teil Athens wie die vielen Zweigstellen griechischer und internationaler Fast-Food-Ketten, die sich bei Alt und Jung wegen ihrer scheinbar günstigen Preise großer Beliebtheit erfreuen.

AUFTAKT

Athen ist eine **Stadt der Gegensätze** – und wird es gerade angesichts der Wirtschafts- und Finanzkrise, die das ganze Land seit 2010 beutelt, wohl noch lange bleiben. Gestiegene Steuern, gekürzte Löhne, Gehälter und Renten haben die Einkaufskraft der Durchschnittsathener stark beschnitten. So mancher Laden in der City und in den bis 2011 stolzen 37, nach einer Verwaltungsreform jetzt immerhin noch sieben selbstständigen Vorstadtgemeinden ist geschlossen und erst einmal nicht wieder vermiet-

Bars, Restaurants, *kafenía*: Abendstimmung in einer typischen Gasse des Psirrí-Viertels

bar, Restaurants und Tavernen klagen über starke Umsatzeinbußen. Auszugehen lassen die Athener sich aber trotzdem nicht nehmen – man konsumiert eben weniger als früher üblich.

Auch in einem anderen Teil Groß-Athens, der **Hafenstadt Piräus**, ist die Krise zu spüren. Dennoch werden Sie hier mehr hypermoderne Schnellschiffe – meist Katamarane – und riesige konventionelle Autofähren sehen als in den meisten anderen europäischen Häfen; mehr Luxusyachten gibt es nicht einmal in Palma, Cannes oder Portofino. In Piräus können Sie bequem einen ganzen Urlaubstag verbringen – es gibt interessante Museen, und zwischen den beiden Häfen Zéa Marína und Mikrolímano sowie an der Limanáki-Bucht finden Sie offizielle Badestrände. Strände säumen auch die stets am Meer entlangführende Straßenbahnlinie zwischen Piräus und dem Küstenort **Vouliagméni** mit seinem natürlichen Thermalbadesee. Noch mehr Meer erleben Sie bei einer Fährüberfahrt zur Insel **Ägina** oder bei einer Drei-Insel-Tageskreuzfahrt nach Ägina, Póros und Hydra. Spätestens dann werden Sie wahrscheinlich den Drang spüren, bald nach Hellas zurückzukehren und auch die Inselwelt der Ägäis zu entdecken. Athen und Piräus sind das Tor zu ihr.

> **Piräus ist das Tor zur Inselwelt der Ägäis**

IM TREND

1 Hoch hinaus

Dachgärten Die Athener lieben es, ihre Stadt von oben zu sehen. Am liebsten mit einem Glas in der Hand aus einem der vielen Dachgarten-Cafés und -Bars, die brach liegenden Dächern neues Leben einhauchten. Im *City Zen (Odós Mitropóleos/Odós Aióloi)* kann man bei Loungemusic einen Kaffee genießen. Die *Bar 360 (Monastiráki-Platz)* serviert hippe Cocktails. Ruhiger ist der Roof Garden des Hotels *Central (Odós Apóllonos 21)*, wo man die Akrópolis auch im Whirlpool auf sich wirken lassen kann.

2 Unter die Nadel

Pieks! Tattoostudios sprießen in den Szenevierteln gerade wie Pilze aus der Erde. Schmuck, der immer bleibt, liegt voll im Trend. Auch griechische Texte oder antike Götter sind beliebt. Erfahrene Spezialisten mit Erfahrung sind *Black Rose Tattoo (facebook.com/BlackRoseAthensTattoo)* in Psirrí und *Tattoo Nico (www.tattoo.gr)* an der Hauptflaniermeile der Pláka. Da sind mit Siemor sogar ein Graffitikünstler und mit Dimítris Chatzís ein Grafikdesigner am Werk.

3 Mal Millionär sein

Verspielt Viele Athener sind während der *krísis* ärmer geworden. Unterhaltung suchen sie trotzdem. Gesellschaftsspiele sind deshalb groß in Mode gekommen. Statt echte Euros für Konzerte und Events zu verballern, wird man zu Hause beim Monopoly (ind er Athen-Version) Millionär oder spielt Scrabble. Einige Gesellschaftsspiele liegen zunehmend in vielen Cafés bereit. Den Vogel schießt das *Playhouse (Skouzé 3/Platía Agías Irínis | Emborikó Trígono | www.playhouse.gr)* ab: Da hält man über 500 aktuelle Spiele aus aller Welt bereit und erklärt den Gästen gern die Spielregeln.

In Athen gibt es viel Neues zu entdecken. Das Spannendste auf diesen Seiten

Gesund und grün

Kulinarisch bewusst Die Athener springen nun auch auf den Bio-Food-Zug auf. Seit Kurzem setzen sie verstärkt auf regionale und ganz naturbelassene Speisen. Und die gibt's nicht nur in der heimischen Küche. Vorbildliches wird im *Bliss (Odós Romvis 24a)* serviert, wo Fusion- und Crossover-Gerichte ebenso auf den ungewöhnlich geformten Tisch kommen wie leckere Smoothies, Pies oder Kaffeekreationen. Während es bei Bliss auch Fleisch gibt, ist das *Avocado (Nikis 30 | Síntagma | www.avocadoathens.com)* rein vegetarisch – und besonders beliebt bei den jungen Athenern. Fleischlos und nachhaltig wird auch im *Panepistimíou (Leofóros Panepistimíou 57 | El Venezelou)* gekocht. Das Lokal ist der Beweis, dass schnelles Essen nicht ungesund sein muss.

Comic trifft Graphic Novel

Kindheitshelden Athen weckt Erinnerungen, und zwar an die Lektüre vergangener Tage. Denn Griechenlands Hauptstadt ist ein Eldorado für Comic-Fans. Nicht nur die alten Bekannten aus dem letzten Jahrhundert gibt's hier, sondern auch Zeitgenössisches und Comics für Erwachsene. Die *Comicdom Con* fördert Nachwuchstalente, veranstaltet Ausstellungen und Workshops auf dem *Comicdom Con Athens Event (www.comicdom-con.gr) (Foto)*. Pflichttermin für Sammler: der immer am ersten Samstag im Mai stattfindende *Free Comic Book Day (www.freecomicbookday.com)*, an dem die „Bilderbücher" getauscht werden. Die besten Adressen für Comic-Käufer in der Stadt sind *Tilt Comics (Odós Asklipeioú 37 | Kolonáki)* und *Kapsimi Publications (Odós Kiáfas 3/Akadimías)*.

19

FAKTEN, MENSCHEN & NEWS

AN DER WAND

In Athen ist jede Nacht viel los. Aber was wo? Veranstaltungskalender, ob gedruckt oder digital – sind unvollständig. Die wichtigste Infoquelle für die Athener sind Hauswände und Mauern: Da plakatiert jeder Veranstalter seine Events im umliegenden Kiez. Wer als Tourist den Text nicht entziffern kann, fotografiert, was ihn interessieren könnte – und lässt es sich im Hotel vom netten Rezeptionisten übersetzen.

ANDERS TICKEN

Das Klima prägt den Tagesrhythmus der Athener. Die meisten stehen früh auf. Büros, Märkte und Museen öffnen schon zwischen 8 und 9 Uhr. Gegen 14 Uhr lässt im Sommer die Hitze dann jeden Tatendrang erlahmen. Banken, Postämter und Geschäfte schließen, nur in den Büros und Werkstätten privater Firmen wird auch nachmittags gearbeitet. Wer kann, begibt sich nach Hause und macht ein Nickerchen.

Gegen 18 Uhr erwacht die Stadt zu neuem Leben. Montags, Dienstags, donnerstags und freitags öffnen die Geschäfte dann wieder. Wer nicht arbeiten muss, begibt sich zur *vólta:* dem Flanieren im Stadtzentrum oder vor den Cafés und Bars des eigenen Wohnviertels, unterbrochen von einem Päuschen im Stammcafé. Gegen 21 Uhr geht man nach Hause oder trifft sich mit Freunden und Verwandten in einer Taverne. Die Einkommensverluste, die viele Griechen durch die Wirtschafts- und Finanzkrise hinneh-

Bild: Die Kapnikaréa in der Odós Ermoú

Athen zwischen Geschichte und Alltag: Die Griechen sind anders als die übrigen Europäer. Sie zu verstehen fällt oft nicht leicht

men mussten, haben allerdings zu vielen Geschäftsschließungen geführt, und in Restaurants und Tavernen wird weniger verzehrt als zuvor. Gegen Mitternacht ist man im Bett – Nachtschwärmer sind die Griechen nur an Wochenenden und im Urlaub.

BESSERE LUFT

Der berüchtigte Athener Smog ist Vergangenheit. Das Atmen fällt jetzt wieder leicht, das Meer ist auch von der Akrópolis aus wieder zu sehen. Metro und Tram entlasten die Straßen, viele städtische Busse fahren umweltfreundlich mit Biosprit oder als Trolley mit Strom aus der Oberleitung. Die gesamte Innenstadt ist verkehrsberuhigt, von Jahr zu Jahr entstehen mehr Fußgängerzonen. Die Müllabfuhr kommt täglich so früh, dass sie auch als Wecker agiert. Wer will, kann seinen Müll getrennt sammeln, die Abwässer werden zentral auf einem unbewohnten Inselchen vor Piräus geklärt, die verbleibenden Feststoffe werden getrocknet und im Ausland, auch

Orthodoxe Priester nehmen am täglichen Leben ganz selbstverständlich teil

in Deutschland, zur Stromerzeugung genutzt. Der elektrische Strom, den die Athener verbrauchen, stammt allerdings größtenteils aus Kraftwerken, die im Tagebau geförderte heimische Braunkohle (vorwiegend aus Westmakedonien) verbrennen; Solarenergie wird bislang immerhin zur Warmwasseraufbereitung genutzt.

BUCHSTABENRÄTSEL

Die meisten Griechen hassen Regeln. Sie kennen auch nicht so etwas wie den Duden. Das kann uns Ausländer manchmal in die Verzweiflung treiben. Auf Schildern, Wegweisern und Stadtplänen werden viele Viertel- und Straßennamen manchmal schon auf Griechisch unterschiedlich geschrieben. Und mit lateinischen Buchstaben erst recht. *Agia* zum Beispiel, was „Heilige" bedeutet. Mal steht da *Agia* wie im Marco Polo, dann wieder *Aghia* oder *Ayia*. Alle drei Versionen sind korrekt. Wo es wenig Regeln gibt, gibt es auch weniger Fehler. Und uns bleibt nichts anderes übrig, als findig zu sein.

BYZANTINE

Verstehen Sie gern, was Sie lesen? In Athen begegnet Ihnen auf Hunderten von zumeist braunen Schildern das englische Wort „byzantine". Auf Deutsch würde man „byzantinisch" sagen. Gemeint ist damit die byzantinische Epoche, die von etwa 500 bis 1453 dauerte, zeitlich also in etwa unserem Mittelalter entspricht. Athen gehörte diese ganze Zeit über zum Byzantinischen Reich, dessen Hauptstadt Konstantinopel war, das die Türken dann Istanbul nannten. Es umfasste ganz Kleinasien und den gesamten Balkan, zeitweise sogar weite Teile Italiens und Nordafrikas.

ENTÁXI & ENTÉCHNO

Wenn ein Athener *entáxi* sagt, will er kein Taxi ordern, sondern meint „okay". *Entéchno* ist eine ähnliche Wortfalle – und als Musikrichtung in aller Munde. Techno ist damit aber ganz und gar nicht gemeint. Entéchno steht vielmehr für rockige Balladen mit griechischem Text, meist von einem Solisten vorgetragen und nur von einer Gitarre begleitet. Das kann sich auch anhören, wer kein Technofreak ist.

FAHNEN IM WIND

Flaggen gehören in Athen zum Straßenbild. Die blau-weiße griechische Flagge ist allseits bekannt, die europäische Flagge ebenso. Zwei andere aber sind

FAKTEN, MENSCHEN & NEWS

erklärungsbedürftig: Die Flagge Athens zeigt das behelmte Haupt der antiken Göttin Athene auf einem goldenen griechischen Kreuz über blauem Hintergrund. Kreuz und Göttinnenhaupt sind jeweils von einem Kranz aus Olivenblättern umgeben. Eine Flagge mit schwarzem Doppeladler auf gelbem Grund weht hauptsächlich vor Kirchen. Es ist die Flagge des mittelalterlichen Byzanz.

GRAFFITITIS

In Athen ist während der *krísis* eine Epidemie ausgebrochen: Graffititis. Inzwischen gilt die griechische Metropole als europäische Hauptstadt der Sprayer. Die Polizei stellt zwar kein Material zur Verfügung, lässt die Street-Art-Künstler aber nahezu ungehindert gewähren. Die Zahl wahrer Kunstwerke ist fast höher als die sinnloser Schmierereien. Sprachbotschaften kommen auch international rüber: Oft sind die Slogans auf Englisch verfasst. Hochburgen der Sprayer sind die Stadtviertel Exarchía und Psirrí. In der Odós Pitáki in Psirrí kommt es sogar zur Symbiose mit Lichtkünstlern: Über der gesamten Gasse hängen Tausende von Wohn- und Schlafzimmerlampen.

GROSSE RUNDE

Eine gute *paréa* spielt für das Wohlbefinden der meisten Athener eine entscheidende Rolle. Sie sitzen nur ungern allein im Café oder in der Taverne, gehen lieber mit Familie und Freunden auf Reisen als allein, suchen stets die richtige Gesellschaft – eben eine *paréa*. Als Urlauber bemerken Sie das besonders in Tavernen und Restaurants. Da bestellt die *paréa*, also in diesem Fall die Tischgemeinschaft, fast immer viele verschiedene Gerichte gemeinsam. Der Kellner bringt, was die Küche fertig hat, und stellt es in die Mitte des Tisches. Jeder hat einen leeren Teller vor sich und nimmt sich wovon er mag, so viel er mag. Die Rechnung übernimmt traditionell oft einer aus der *paréa* für alle. Vor allem bei jüngeren Athenern wird es allerdings allmählich üblich, sich die Kosten nach dem Bezahlen zu teilen.

LETZTE RETTUNG

Kioske sind ein typisches Athener Kulturgut. Sie stehen gleich mehrfach auf jedem Platz und an fast allen Straßenkreuzungen, sind meist von frühmorgens bis spätabends durchgehend geöffnet und bieten fast alles, was Sie unerwartet brauchen könnten: Zigaretten und Feuerzeuge ebenso wie Kondome und Aspirin, Seife und Kamm. Kioskbetreiber kann nicht jeder werden: Die Lizenzen werden bevorzugt an sozial Schwache und Behinderte sowie an deren Angehörige vergeben.

RECHT-GLÄUBIG

Fast alle Griechen gehören der griechisch-orthodoxen Kirche an. Sie erkennt den Papst nicht als Oberhaupt an. Orthodoxe Priester dürfen heiraten. Gottesdienste dauern oft zwei bis drei Stunden, während derer die Gläubigen kommen und gehen. Besondere Bedeutung haben in der Orthodoxie die vielen Heiligen. Die Mehrheit der Griechen glaubt daran, dass sie Wunder bewirken können, und wendet sich bei Problemen an die Ikonen, auf denen der „zuständige" Heilige dargestellt ist und durch die er nach orthodoxer Auffassung auch in der Kirche präsent ist.

KRAFTBRÜHE

Am Ende eines langen Abends essen viele Athener gern noch eine kräftige Suppe aus Rinderkutteln und -füßen: die *patsá*. „Gebraut" wird sie in großen, manchmal sogar fest eingemauerten Bottichen. Die meist rund um die Uhr geöffneten Patsá-Lokale sind an den Essigflaschen auf den Tischen zu erkennen. Das wohl urigste Patsá-Erlebnis bieten die Athener Markthallen. Wenn die Stadt langsam erwacht, treffen dort Nachtschwärmer und Marktbeschicker zusammen.

KRÍSIS

Die Straßencafés sind voll, die Shopping Bags auch. Nachts scheint kaum jemand zu schlafen, die gelben Taxis sind gut ausgelastet. Kaum zu glauben, dass Griechenland in der Krise stecken soll. Und doch ist sie da und noch lange nicht vorüber. Aber die Griechen das wirtschaftliche Auf und Ab ja gewohnt und haben sich schnell angepasst. Man kauft halt billiger ein und verzehrt im Lokal weniger, bleibt länger bei einem Getränk sitzen. Geht doch! So steckt man die vielen Lohn- und Rentenkürzungen weg, die ihnen nach Meinung der meisten Athener Herr Schäuble eingebrockt hat. Die Wirte und Geschäftsleute spielen mit, geben Steuererhöhungen kaum weiter an ihre Kundschaft.

Wo er trotz internationaler Überwachung darf, verhält sich auch der Staat sozial:

SPORT-SCHAU

Athens große Namen im Sport sind Olympiakós Piräus *(www.olympiacos.org)*, AEK Athen *(www.aekfc.gr)* und Panathinaikós Athen *(www.paobc.gr)*. Sie beherrschen die Fußball, Volleyball- und Basketballszene. Um Tickets im Internet zu bestellen, muss man sich registrieren – auf Griechisch. Mit viel Glück erwischt man noch ein Fußballticket an den Stadionkassen: Olympiakos spielt im *Karaiskáki-Stadion (Metro: Néo Faliró)*, Panathinaikós im *Nikolaídis-Stadion (Metro: Ambelókipi)*, AEK vorübergehend im neuen *Olympiastadion (Metro: Irínis)*. Beste Informationsquelle für alle Sportarten sind die Fanshops der Vereine: für Olympiakós am Hafen Zéa Marína und in Monastiráki *(Odós Iféstou 11 | Tel. 21 03 21 48 89)*, für Panathanaikós im Nikolaídis-Stadion *(Tel. 21 08 09 36 30)*, für AEK in der Pláka *(Odós Eólou | Tel. 21 03 23 67 50)*. Die billigsten Tickets kosten 15–20 Euro. Im Basketball tragen Panathinaikós, Europameister 2007 und 2009, und AEK ihre Heimspiele in der *Olympiahalle (Metro: Irínis)* aus. Olympiakós, Europameister 2012 und 2013, spielt im *Stadion des Friedens und der Freundschaft (Metro: Néo Faliró)*.

FAKTEN, MENSCHEN & NEWS

Straßenhandel und kleine Läden bestimmen das Leben auf dem geschäftigen Monastiráki-Platz

Busse und Bahnen sind preiswerter als überall sonst in Europa, Rentner und Studenten dürfen mit vielen Ermäßigungen rechnen. Bettler sind nicht häufiger als in anderen europäischen Metropolen – und wo Not herrscht, wird sie oft gut kaschiert. So fahren manche Armenküchen ihre Lieferungen an Bedürftige sogar als Pizza-Bringdienst aus.

WEIN. GEHARZT

Obwohl es seit über zwei Jahrzehnten viele gute griechische Weine aus den unterschiedlichsten Traubensorten gibt, gilt der geharzte Weißwein *retsína* im Ausland häufig noch als Inbegriff griechischen Weins. Erhältlich ist er tatsächlich noch immer überall, meist aus kleinen Halbliterflaschen, manchmal auch vom Fass. Dem Wein ist das Baumharz der Aleppo-Kiefer beigemischt – 700 g Harz auf 1000 kg sind ein gutes Maß. Der Ursprung liegt in der Antike: Damals wurde dem Wein das Harz beigemischt, um ihn haltbarer zu machen.

ZEUS & CO

Zeus galt den alten Griechen als mächtigster Gott. Ihm zu Ehren wurden die Olympischen Spiele veranstaltet. In Athen errichtete man den Tempel des Olympischen Zeus. Zeus' Bruder Poseidon, dem ein bedeutendes Heiligtum am Kap Soúnion geweiht wurde, war für das Meer und die Erdbeben zuständig. Der Bruder Hades hütete die Totenwelt, zu der man einen Zugang im Heiligtum von Eleusis vermutete. Gemahlin des Zeus war Hera. Ihr einziger gemeinsamer Sohn war Hephaistos, für den man einen Tempel auf der antiken Agorá errichtete. Aus einem der außerehelichen Verhältnisse des Zeus ging – ebenso wie Aphrodite, die Göttin der Liebe – Apoll hervor, der Gott der Schönheit und des Lichts. Sein Haupheiligtum lag in Délfi. Diónysos war der Gott der Fruchtbarkeit, des Weins und des Theaters. Ihm huldigte man einst im Theater des Diónysos unterhalb der Akrópolis und bis heute in allen Tavernen.

SEHENSWERTES

WOHIN ZUERST?
Fast alle Sehenswürdigkeiten, Tavernen und Hotels liegen in der **Innenstadt** und sind zu Fuß erreichbar. Auch ist das öffentliche Nahverkehrsnetz mit Metro, Bus und Tram hervorragend und preisgünstig. Zentrale Metrostationen sind **Omónia (125 F3), Síntagma (126 A5) und Monastiráki (125 E5)**. Von allen drei aus können Sie die Innenstadt erkunden. Wer mit dem Auto in die City fahren muss, parkt am günstigsten im Parkhaus der Metrostation Sygroú-Fix und fährt mit der Metro weiter. Parkplätze und -häuser sind knapp und sehr teuer.

In Athen wird der Blick auf die Fitness-App zu Freude pur – und nach dem Städtetrip sieht Ihre Ökobilanz spitzenmäßig aus: In Athen machen Sie fast alles zu Fuß.

Sehenswürdigkeiten und Museen liegen dicht beieinander. Alle paar Meter bieten kleine Cafés und Bars auch Smoothies und frische Säfte an. Ein Auto wäre für Sie nur hinderlich; die wenigen weiter entfernten Ziel sind perfekt mit Metro, Tram oder Bus zu erreichen.

Die Athener Sehenswürdigkeiten stammen nicht nur aus der Antike. Auch das Mittelalter hat vor allem in Form von Kirchen und Klöstern seine Spuren hinterlassen. Von osmanischer Zeit zeugt noch eine Moschee. Zahlreiche markante Bauwerke entstanden nach der Schaf-

Bild: Akademie der Wissenschaften

Lebendige Stadt mit viel Geschichte: In Athen sind das Gestern und das Heute eng miteinander verwoben

fung des neugriechischen Staats im 19. und frühen 20. Jh., stilprägend war dabei der Klassizismus. Immer mehr wenden sich die Griechen jetzt ihrer Industriearchitektur zu. Im ehemaligen Gaswerk sind Galerien und Szenelokale entstanden, eine Großbrauerei wird gerade zu einem Museum zeitgenössischer Kunst umgestaltet.

Athens Museumslandschaft ist äußerst bunt. Drei bedeutende Museen sind der Antike gewidmet, in zwei Sammlungen steht die byzantinische Kunst im Vordergrund. Jüdischem Leben und islamischer Kunst kann man in den Museen der Stadt ebenso begegnen wie moderner Kunst, Volkskunde und neugriechischer Geschichte. In Piräus wandelt man auf den Spuren des maritimen Hellas und kann dort sogar ein Schlachtschiff aus dem Ersten Weltkrieg besichtigen.

Fast alle Museen, die hier beschrieben werden, liegen im Zentrum oder sind von dort aus in wenigen Minuten zu Fuß erreichbar. Geschlossen sind sämtliche Museen am 1. Januar, 25. März, Karfreitag,

RUND UM DIE AKRÓPOLIS

Die Karte zeigt die Einteilung der interessantesten Stadtviertel. Bei jedem Viertel finden Sie eine Detailkarte, in der alle beschriebenen Sehenswürdigkeiten mit einer Nummer verzeichnet sind

Ostersonntag, 1. Mai, 25. und 26. Dezember. Die Sonntagsöffnungszeiten gelten auch am 6. Januar, Rosenmontag, Karsamstag und Ostermontag, 15. August, 28. Oktober. Nur von 8.30 bis 12.30 Uhr geöffnet sind die Museen am 2. Januar, Faschingssonntag, Gründonnerstag, 24. und 31. Dezember.

RUND UM DIE AKRÓPOLIS

Beinahe alle berühmten antiken Stätten Athens und mehrere niedliche byzantinische Kirchlein befinden sich im unmittelbaren Umkreis des Akrópolis-Felsens.

Die meisten von ihnen liegen verstreut im verkehrsberuhigten Altstadtviertel Pláka.

Tavernen und Souvenirgeschäfte prägen dessen Hauptgassen. Ansehnliche, gerade erst aufwendig restaurierte Häuser aus dem 19. Jh. ziehen sich den Hang zur Akrópolis hinauf, im Anafiótika-Viertel der Pláka ist die Atmosphäre noch ganz dörflich. Zwischen Monastiráki-Platz und Thissío erstreckt sich das Flohmarktviertel Athens, gesäumt von zahlreichen Cafés mit schönstem Akrópolis-Blick. Im Süden des antiken Tempelbergs trennt die breite, Fußgängern vorbehaltene Flaniermeile Dionísiou Areopagítou die beiden antiken Theater von einem Wohnviertel aus der Nachkriegszeit, dessen Mittelpunkt das neue Akrópolis-Museum geworden ist.

SEHENSWERTES

1 INSIDER TIPP AGÍA DÍNAMI
(127 E3) *(ℳ J4)*
Wohin mit der 400 Jahre alten Kapelle einer Heiligen, wenn sie einem neuen Hochhaus im Weg ist? Abreißen ging nicht, denn die „Heilige Kraft" hat zu viele Follower, die hier kurz Kraft tanken, bevor sie zur Arbeit gehen. Drum hat man den Neubau, der heute das Hotel Eléctra Metrópolis (s. S. 90) ist, in diesem Bereich auf Pfeiler gestellt. So gehört die hl. Dínami jetzt quasi zu den Dauergästen der Nobelherberge. *Tagsüber geöffnet | Odós Mitropóleos 15*

2 AGORÁ & AGORÁ-MUSEUM ★
(126 B–C3) *(ℳ H4)*
KARTE IM HINTEREN UMSCHLAG
Marktbummel mal ganz anders. Verkauft wird hier nichts mehr. Man fühlt sich vielmehr wie in einem wildromantischen Park mit schönen Ruinen. Dabei schlug hier auf der Agorá der Puls der Demokratie. Sie war nicht nur Handelsplatz: Auf einer annähernd quadratischen Fläche von etwa 120 mal 120 m hatten viele politische Institutionen ihren Sitz, Götter ihre Tempel, Helden ihre Statuen. Hier provozierte der Philosoph Sokrates die Athener, hier verbrachten Dichter wie Aischylos und Euripides, Politiker wie Perikles und Themistokles, Denker wie Platon und Aristoteles viele Stunden.

Die Agorá bildete über 1000 Jahre lang, vom 5. Jh. v. Chr. bis 580 n. Chr., den Mittelpunkt des kommerziellen und gesellschaftlichen Lebens. Was davon übrig blieb, stammt freilich aus ganz unterschiedlichen Jahrhunderten. Das Bild, das die Agorá heute vermittelt, gehört am ehesten noch in die römische Zeit um Christi Geburt.

Zwei Bauten bestimmen den Eindruck: im Osten die Stoá des Áttalos, im Westen der Hephaistos-Tempel. Die *Stoá des Áttalos* ist eine 116 m lange, zweigeschos-

---

MARCO POLO HIGHLIGHTS

★ **Kap Soúnion**
Der schönste Sonnenuntergang in Hellas
→ S. 60

★ **Akrópolis**
Europas berühmteste Ruinen → S. 32

★ **Niárchos Cultural Center**
Moderne Architektur mit hohem Freizeitwert
→ S. 57

★ **Akrópolis-Museum**
Berauschende Architektur, Kunst von Weltrang und eine tolle Cafeteria
→ S. 37

★ **Agorá & Agorá-Museum**
Der antike Marktplatz und der besterhaltene Tempel Griechenlands
→ S. 29

★ **Likavittós**
Der Aussichtsberg der Athener → S. 49

★ **Tempel des Olympischen Zeus**
700 Jahre wurde an diesem gigantischen Werk gebaut → S. 43

★ **Nationalgarten**
Grüne Oase im Herzen der Stadt → S. 50

★ **Kerameikós & Kerameikós-Museum**
Antikes ganz in Ruhe genießen → S. 45

★ **Markthallen**
Fleisch, Fisch, Käse, Gemüse, Oliven …
→ S. 45

★ **Museum für kykladische Kunst**
5000 Jahre alte Kunstwerke! → S. 50

★ **Archäologisches Nationalmuseum**
Das Beste vom Besten aus dem ganzen Land
→ S. 53

RUND UM DIE AKRÓPOLIS

sige Säulenhalle, in der wahrscheinlich Läden untergebracht waren. Stoen wie diese umgaben die Agorá auf allen vier Seiten. Die heutige Stoá ist freilich kein antiker Bau, sondern die Rekonstruktion eines im 2. Jh. v. Chr. von Herodes Atticus gestifteten Baus. Sie beherbergt das sehenswerte *Agorá-Museum.*

Der besondere Reiz dieses kleinen Museums liegt darin, dass viele der auf zwei Etagen ausgestellten Objekte vom politischen und privaten Alltag der Menschen vor über 2000 Jahren erzählen. So sieht man zwei Tonmodelle von Schuhen aus der Zeit um 900 v. Chr., bronzene Gewichte von 500 v. Chr. und Bleigewichte aus den beiden ersten vorchristlichen Jahrhunderten. In einer anderen Vitrine wirkt ein Babysitz mit Nachttopf aus dem 6. Jh. v. Chr. ganz modern; an anderer Stelle dokumentieren Töpfe, Pfannen, Stövchen, Grillgeräte und ein tragbarer Ofen das Küchenleben vor 2500 Jahren. Scherbengerichte gehörten im Athen des 5. Jhs. v. Chr. zum politischen Alltag. Höchstens einmal jährlich fand eine Volksversammlung mit mindestens 6000 Bürgern statt, die den Namen des Mannes in eine Tonscherbe einritzen durften, den sie am liebsten für zehn Jahre aus der Stadt verbannt haben wollten. Der Unglückliche, auf den die meisten Stimmen entfielen, musste dann ins Exil ziehen. Solche Scherben, *óstraka* genannt, sind im Museum in großer Zahl zu sehen. Auch eine Wasseruhr ist ausgestellt, die bei Gerichtsverfahren die Redezeit pro Person auf sechs Minuten begrenzte, und eine Art Lottomaschine, mit der öffentliche Ämter nach dem Zufallsprinzip verteilt wurden.

Weitgehend original ist der *Hephaistos-Tempel (Thiseion),* Griechenlands besterhaltener Tempel überhaupt. Der Tempel für den griechischen Gott des Feuers, der Schmiedekunst und generell des Handwerks stammt aus der zweiten Hälfte des 5. Jhs. v. Chr. und wurde bis 1834 als Kirche weiter genutzt – dadurch entging er dem Schicksal so vieler anderer anti-

Agorá: Die zweigeschossige Áttalos-Stoá wurde in den 1950er-Jahren rekonstruiert

SEHENSWERTES

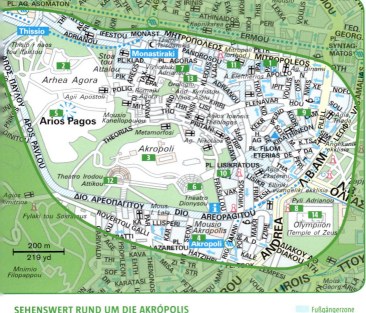

SEHENSWERT RUND UM DIE AKRÓPOLIS

- 1 Agía Dínami
- 2 Agorá & Agorá-Museum
- 3 Akrópolis
- 4 Akrópolis-Museum
- 5 Areopag
- 6 Diónysos-Theater
- 7 Hadrian-Bibliothek
- 8 Hadrian-Bogen
- 9 Jüdisches Museum
- 10 Lysikrates-Denkmal
- 11 Mitrópolis & Kleine Mitrópolis
- 12 Odeon des Herodes Atticus
- 13 Römische Agorá & Turm der Winde
- 14 Tempel des Olympischen Zeus

Fußgängerzone

ker Bauten, die in christlichen Zeiten nur noch als Steinbruch geschätzt wurden. 34 dorische Säulen bilden eine Ringhalle um den Tempelkern, in dem die Kultbilder des Hephaistos und der Athena aufgestellt waren. Außen umläuft den Tempel ein Fries, bei dem drei senkrechte Balken, Triglyphen genannt, als Metopen bezeichnete Felder voneinander trennen, die zum Teil mit Skulpturen geschmückt sind. Sie zeigen Taten der mythischen Heroen Herakles und Theseus (daher auch die andere Bezeichnung „Thiseion"). Interessant ist ein INSIDER TIPP Blick unter die Decke der Ringhalle: Sie wird von reich verzierten Kassetten gebildet, wie sie einst fast alle Tempel besaßen. Nur hier sind sie so gut und vollständig erhalten.

Das Originaldach des Tempels ist verschwunden, es war einst mit roten Ziegeln gedeckt. Will man sich den Bau im Originalzustand vorstellen, muss man sich schließlich noch viel Farbe hinzudenken. Friese und einzelne Bauteile waren nämlich bunt bemalt.

Zwischen der Stoá des Áttalos und dem Hephaistos-Tempel standen zahlreiche weitere Bauten, von denen größtenteils nur geringe Spuren erhalten geblieben

RUND UM DIE AKRÓPOLIS

sind. So waren an der Westseite unterhalb des Hephaistos-Tempels das Bouleutérion als Rathaus Athens, das Métroon als athenisches Staatsarchiv und ein Rundtempel, die Thólos, als Versammlungsraum für die 50 Ratsherren der Stadt angesiedelt. Im Zentrum der Agorá wurde im Jahr 20 v. Chr. schließlich noch ein großes Odeon erbaut, ein Konzertsaal für etwa 1000 Zuhörer.

Quer durch die Agorá zog sich die *Heilige Straße,* auf der die Festzüge während der Panathenäen auf die Akrópolis zogen. Ihr Pflaster ist teilweise original erhalten – wer mag, kann auf dieser Straße heute noch gehen. *Archaía Agorá | April–Okt. tgl. 8–20, Nov.–März tgl. 8–15 Uhr | Eintritt 8 Euro (oder Kombiticket, s. S. 115) | Eingänge am Nordhang der Akrópolis, an der Platía Thissíou und in der Odós Adrianoú*

3 AKRÓPOLIS ★
(126–127 C–D 4–5) (*H4–5*)

KARTE IM HINTEREN UMSCHLAG

Athens Akrópolis ist das bekannteste Monument der griechischen Antike. Den Griechen gilt sie als Nationaldenkmal, auf dessen heiligem Boden die Aufseher nicht einmal den Verzehr eines Sandwiches gestatten. Die Akrópolis (griech. Hochstadt) erhebt sich auf einem 156 m hohen Felssockel über der Ebene von Athen. Nach drei Seiten hin fällt der Fels uneinnehmbar steil ab, nur von Westen her ist er zugänglich.

Das Plateau ist mit einer Ost-West-Länge von 320 m und einer Breite von 156 m groß genug für eine Vielzahl von Bauten. Der Blick reicht bei klarer Sicht bis zu den Inseln im Saronischen Golf, Sálamis und Ägina. An schönen Wintertagen leuchten die schneebedeckten Gipfel des Peloponnes herüber.

In der Antike war der Akrópolis-Fels ein idealer Burgberg, der optimalen Schutz vor Feinden bot, und die Akrópolis selbst war denn auch zu Beginn ihrer Geschichte wie noch das ganze Mittelalter über vor allem eine Festung. Im Lauf von 4000 Jahren veränderten sich die Funktionen des Berges immer wieder, und so zeigte die Akrópolis viele verschiedene Gesichter.

Was Besucher heute sehen, vermittelt in Wahrheit einen durchaus schiefen Eindruck. Geblieben sind von den Bauten aus vier Jahrtausenden nämlich nur das Beulé-Tor, die Propyläen, der Nike-Tempel, das Erechtheion und der Párthenon. Diese Bauten prägten vor allem das Bild, das sich die Menschen in den beiden letzten Jahrhunderten von der klassischen Antike machten. Die Griechen restaurieren die Bauten heute einem Idealbild gemäß, auf das sich der Stolz ihrer Nation mitbegründet. Daran wird weitergearbeitet – auch in den nächsten Jahren wird die Akrópolis eine Großbaustelle sein.

Manche Kritiker nennen die Akrópolis „eine künstliche Ruine". Sie bemängeln, dass in den letzten 160 Jahren alles abgerissen wurde, was nicht ins Bild der Archäologen und Altertumswissenschaftler passte. In der Tat: Auf noch nicht einmal 200 Jahre alten Aquarellen und Stichen erkennt man, dass die Akrópolis eine lebendige Stadt war. Im Párthenon erhob sich eine Moschee mit Minarett, in den antiken Gemäuern befanden sich ein Palast und ein Harem. Überall, wo Besucher heute über nacktes Gestein schreiten, standen Ställe und Häuser mit Gärten, drängten sich in den Gassen Menschen und Tiere.

Die ältesten Spuren menschlicher Besiedlung auf dem Akrópolis-Felsen stammen aus der zweiten Hälfte des 2. Jts. v. Chr., also aus mykenischer Zeit. Damals stand auf seinem höchsten Punkt der Palast eines Königs, der von hier aus sein kleines

SEHENSWERTES

Reich beherrschte. Mit der Einwanderung der dorischen Griechen um 1050 v. Chr. ging das mykenische Königtum unter, der Palast zerfiel. Im 8. Jh. v. Chr. diente die Akrópolis nicht mehr als Sitz eines herausgehobenen Herrschers, denn Athen wurde von gleichberechtigten Adelssippen gemeinsam regiert. Die Akrópolis war jetzt Heiligtum für eine Vielzahl von Gottheiten. Diese wurden nicht nur in Gestalt von Statuen, sondern auch als Naturerscheinungen verehrt – Athena z. B. in einem Ölbaum. Im Freien und in kleinen Holzbauten waren zahllose Weihegaben aufgestellt, auf Altären wurden Tieropfer dargebracht. Der erste monumentale Tempel der Akrópolis entstand erst im frühen 6. Jh. v. Chr. Er war der Göttin Athena geweiht, die dadurch eindeutig aus der Vielzahl der Gottheiten herausgehoben wurde. Der Tempel selbst war nur zum Teil aus Stein errichtet; die Säulen waren noch ganz aus Holz. Erst um 530 v. Chr. entstanden auf dem Akrópolis-Felsen die ersten reinen Steinbauten.

Der mit breiter Unterstützung des einfachen, unter der Adelsherrschaft leidenden Volkes 546 v. Chr. an die Macht gekommene Tyrann Peisistratos und seine Söhne Hipparch und Hippias wollten sich wohl auch selbst ein Denkmal setzen, als sie den alten Athena-Tempel weitgehend niederreißen und durch einen ganz aus Stein gestalteten ersetzen ließen. Außerdem entstand während dieser Tyrannis ein erstes Eingangstor zur Akrópolis und zudem noch ein Heiligtum für die bis dahin vor allem in Brauron verehrte Göttin Artemis.

All diese Bauten wurden von den Persern vernichtet, vor denen sich die Athener im Jahre 480 v. Chr. völlig auf die Insel Sálamis zurückzogen. Als sie nach der Seeschlacht von Sálamis und der sich 479 v. Chr. anschließenden Landschlacht von Plataä zurückkehrten, fanden sie auf der Akrópolis nur noch Ruinen vor.

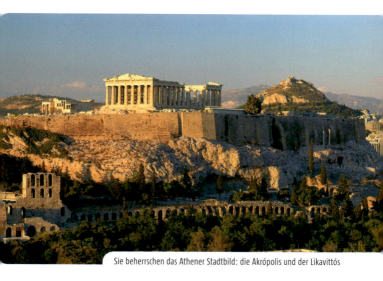

Sie beherrschen das Athener Stadtbild: die Akrópolis und der Likavittós

RUND UM DIE AKRÓPOLIS

Dreißig Jahre lang blieb es so. Die Ruinen sollten Mahnung und Erinnerung zugleich an die gefährdete Freiheit sein. Um das zu unterstreichen, hatte man weithin sichtbar auch noch Überreste des Athena-Tempels auf die Umfassungsmauer gestellt, neue Teile der Umfassung unter Verwendung alter, heute noch gut sichtbarer Säulentrommeln errichtet. Athen wandelte sich in diesen Jahren zu einem radikaldemokratischen Staat, in dem die Volksversammlung der männlichen freien Vollbürger alle Entscheidungen zu treffen hatte. Das Volk von Athen beschloss um 450 v. Chr., auf dem Akrópolis-Felsen die vier Bauten zu errichten, die Besucher heute bewundern: Párthenon, Nike-Tempel, Propyläen und Erechtheion.

Ein Mann trieb in der Volksversammlung die Neugestaltung der Akrópolis besonders voran: der geniale Staatsmann Perikles, der mehr als 30 Jahre lang immer wieder in die höchsten Staatsämter gewählt wurde. Freilich hatte er auch Gegner, sodass sich in den Bauten der Akrópolis zwei politische Strömungen niederschlugen. Párthenon und Propyläen sind eher progressiv-demokratische Bauwerke, Erechtheion und Nike-Tempel hingegen konservativ-rückwärts gewandte. Die beiden Grundideen, die hinter der Neubebauung der Akrópolis standen, kommen darin zum Ausdruck. Vor allem ging es um den in Stein manifestierten Ausdruck der Athener Macht und des Athener Glanzes; erst an zweiter Stelle und vor allem bei den Konservativen folgte auch die Intention, den bedeutendsten in Athen verehrten Göttern ein neues Heiligtum zu schaffen.

BEULÉ-TOR

Unterhalb der Propyläen sieht man die Überreste eines festungsartigen Tores, das nach Ernest Beulé, seinem französischen Ausgräber im vorletzten Jahrhundert, benannt ist. Es entstand erst mehr als 700 Jahre nach den klassischen Bauten des perikleischen Zeitalters. Hinter ihm ragt ein sehr hoher, steinerner Sockel auf, der in römischer Zeit ein Denkmal des Agrippa in einem Viergespann trug. Agrippa war ein Feldherr und Schwiegersohn von Kaiser Augustus. *Südlich des Tors liegt der heutige Zugang zur Akrópolis*

PROPYLÄEN

Mit den Propyläen schufen die Athener unter Leitung des Architekten Mnesikles zwischen 437 und 432 v. Chr. einen so monumentalen Eingangsbereich zu einem Heiligtum, wie ihn noch nie zuvor in Hellas gegeben hatte. Er empfing die Eintretenden mit einer Reihe von sechs dorischen Säulen. Im rechten Winkel dazu stand eine Doppelreihe von je drei ionischen Säulen. Durch sie führte der Weg in eine Halle mit einer fein bemalten Kassettendecke. Wiederum sechs dorische Säulen, parallel zu den sechs vorderen stehend, entließen die Akrópolis-Besucher dann in das Heiligtum.

Die Front der Propyläen war genau auf die Stätte der Volksversammlungen, den Pnyx-Hügel, ausgerichtet. Der linke und größere der beiden Seitenflügel diente als Gemäldesammlung und als Raststätte für Pilger. Der rechte Seitenflügel ist viel kleiner – erstaunlich bei dem sonst überall an den Propyläen sichtbaren Bestreben nach Symmetrie. Er zeugt von einem Kompromiss, den Neuerer und Konservative miteinander schlossen. Wäre der rechte Seitenflügel ebenso groß wie der linke, hätte er nämlich in die sehr viel älteren Heiligtümer der Artemis von Brauron und der Nike übergegriffen. Als ein sichtbares Zeichen für diesen Prozess der Verständigung hat man die Südwand des rechten Seitenflügels der Propyläen

SEHENSWERTES

unfertig gelassen. Die Bossen, die zum Heben der Steine durch Kräne dienten, wurden, anders als sonst, nicht vollständig abgeschlagen.

NIKE-TEMPEL
Schon äußerlich hebt sich der winzige Nike-Tempel in seiner Zierlichkeit deutlich von den Großbauten der Propyläen und des Párthenons ab. Anders als jene beiden hatte er eine wirkliche Tempelfunktion: Im Tempel wurde ein Kultbild verehrt, davor an einem Altar der Siegesgöttin Athena Nike geopfert. Die vier ionischen Säulen an der Vorder- und Rückfront des Tempels waren bewusst „altmodisch" gestaltet, der Tempel ist absichtlich auf seine kultische Funktion beschränkt worden. Er sollte einen Gegensatz zu den revolutionären Bauten des Perikles bilden. 2003 wurde der Tempel vollständig abgetragen. Der Marmor wurde saniert und der Tempel 2009/10 in seiner alten Form wieder zusammengesetzt.

ERECHTHEION
Während einer Unterbrechung des Peloponnesischen Krieges um 421 v. Chr. wurde mit dem Bau eines weiteren konservativen Kultbaus begonnen, dem des Erechtheions. Im Jahr 406 v. Chr. war es fertiggestellt. Zwei Jahre später kapitulierte Athen. Sein goldenes Zeitalter war vorüber.

Das Erechtheion ist ein gänzlich unsymmetrischer, verwinkelter Bau. In ihm fanden noch einmal die Kulte für all jene Gottheiten einen Platz, die seit alters her auf der Akrópolis verehrt wurden: Poseidon und Hephaistos etwa, die mythischen Stadtkönige Kekrops und Erechtheus, insgesamt mindestens ein Dutzend. Auch das alte hölzerne Kultbild der Athena, das bislang noch in der Ruine des früheren, aus der Zeit vor den Perserkriegen stammenden Athena-Tempels verwahrt wurde, wurde im Erechtheion aufgestellt.

Der auffälligste und bekannteste Teil des Erechtheion ist die *Korenhalle*. Ihr Dach

Erechtheion: Sechs Karytiden genannte Mädchenstatuen tragen das Dach der Korenhalle

RUND UM DIE AKRÓPOLIS

wird von sechs Karyatiden, anmutigen Mädchenstatuen (Koren), getragen. Heute sieht man moderne Kopien; die Originale stehen im British Museum in London und im Akrópolis-Museum. Koren waren vor allem im 6. Jh. v. Chr. beliebte Weihegaben, wie man im Akrópolis-Museum feststellen kann. Sie statt Säulen zu verwenden, zeugt also wieder von einem bewussten Rückgriff auf vergangene Zeiten.

gen hat es vor dem Párthenon nie gegeben. Die 12 m hohe Athena-Statue aus Gold und Elfenbein, um die herum der Párthenon gebaut wurde, war vielmehr Repräsentationskunst und Geldanlage zugleich. Überhaupt hatte der Párthenon die Funktion eines Schatzhauses: In einem separaten Raum, dem Opisthódom, wurde die Bundeskasse des Attisch-Delischen Seebundes verwahrt. Die Tributzahlungen aus dem übrigen

Wie in der Antike ist auch heutzutage der Párthenon das Prunkstück der Akrópolis

PÁRTHENON

Der größte und immer noch glanzvollste Bau auf der Akrópolis entstand in nur 15 Jahren Bauzeit von 447 bis 432 v. Chr. Zwar fehlen ihm heute das Dach, die Wände des Innenraums und die farbige Bemalung von Dachgebälk und Giebeln, sodass der jetzige Eindruck nicht der gleiche wie in der Antike ist, doch seine Leichtigkeit, Eleganz und Harmonie sind nach wie vor zu spüren.

Ein eigentlicher Tempel war der Párthenon nicht; einen Altar für Opferhandlun-

Griechenland brachten Athen jährlich etwa 11 t Silber ein – für die Errichtung des Párthenons und der Athena-Statue brauchte man insgesamt nur 20 t Silber aufzuwenden.

Wäre der Ehrgeiz der Athener mit der Errichtung eines Tempels, bei dem selbst das Dach mit reinem Marmor bedeckt war, und der Aufstellung der wertvollsten Statue Griechenlands schon befriedigt gewesen, wäre der Párthenon freilich nicht das Meisterwerk, das er ist. Die Athener wollten mit seinem Bau nicht

SEHENSWERTES

nur ihre Macht, sondern auch ihre technische und intellektuelle Überlegenheit in Hellas zum Ausdruck bringen – und das vor allem hat sie zu dieser großartigen geistigen, handwerklichen und architektonischen Leistung angestachelt.

Die Wirkung des Párthenon beruht unter anderem auf der Harmonie der Proportionen. Sie waren von den Architekten, Iktinos und Phidias, genau berechnet worden. Um den für damalige Verhältnisse sehr großen Bau feingliedrig wirken zu lassen, erhielten die ohnehin dichter als üblich gestellten 42 dorischen Säulen nicht nur 16, sondern jeweils 20 Kanneluren (Längsrillen). Um den Eindruck gespannter Kraft zu vermitteln, verjüngen sich die Säulen von unten nach oben nicht gleichmäßig, sondern sind ein wenig bauchig, wobei der Schwerpunkt dicht unterhalb der Mitte liegt. Diese leichte Schwellung bezeichnet man als Entasis. Außerdem sind alle Säulen kaum merklich nach innen geneigt. Ohne diesen Trick würden sie wegen einer weiteren Raffinesse des Baus aussehen, als kippten sie nach außen.

Diese weitere Raffinesse ist die sogenannte Kurvatur des gesamten Tempels: Alle waagerechten Linien beim Párthenon sind in Wirklichkeit nicht exakt waagerecht, sondern ganz leicht gekrümmt! So steigen alle Stufen des Unterbaus, der gesamte Tempelboden und alle waagerechten Steine des Dachgebälks in Längsrichtung zur Mitte hin um gut 10 cm an – man kann das heute noch leicht mit bloßem Auge erkennen. Das heißt aber auch, dass jeder Stein individuell bearbeitet werden musste und dass auch die Unter- und Oberseite jeder Säule dieser Kurvatur angepasst sein musste.

Wie die architektonische Leistung der Athener von der Größe ihrer Demokratie zeugt, so berichten die Skulpturen des Párthenon nicht nur von Göttern und mythologischen Ereignissen, sondern auch von der Pracht des athenischen Festes zu Ehren der Göttin Athena. Kein anderer Tempel Griechenlands hatte zuvor so reichen Skulpturenschmuck besessen. Während unterhalb des Dachs der dorische Fries in 92 Bildfeldern von verschiedenen Kämpfen erzählte, schilderte der 160 m lange ionische Fries, der die Cella-Wand umlief, Aussehen und Verlauf einer Prozession hinauf zur Akrópolis anlässlich der Großen Panathenäen. Dieses jährliche Fest zu Ehren der Athena wurde alle vier Jahre besonders aufwendig begangen. Einige Teile der Friese sind im Akrópolis-Museum zu sehen, andere in Paris und in London.

Akrópolis: April–Okt. tgl. 8–20, Nov.–März tgl. 8 bis mindestens 17 Uhr | Eintritt 20 Euro (oder Kombiticket, s. S. 115) | Eingang auf der Westseite

4 AKRÓPOLIS-MUSEUM ★
(127 D6) (*J5*)

In diesem gerade einmal zehn Jahre alten wird die Antike zum Erlebnispark. Beim erdbebensicheren Bau nach Plänen des Schweizer Architekten Bernard Tschumi ist Glas das wichtigste Baumaterial, sodass die Besucher immer wieder die Akrópolis vor Augen haben, für die ja alle ausgestellten Objekte geschaffen wurden. Zugleich stehen sie so im selben einzigartigen attischen Licht wie vor über 2000 Jahren. Das lang gestreckte Vordach des Museumseingangs, auf dem die exzellente *Kafetéria* des Museums Spezialitäten aus ganz Griechenland serviert, weist wie ein Pfeil zur Akrópolis hin. Das oberste Geschoss, das die Friese vom Párthenon-Tempel präsentiert, ist schräg auf den Museumskörper aufgesetzt, sodass es die gleiche Ausrichtung hat wie jener Tempel, die Friese also in der gleichen Richtung verlaufen wie die am Original.

RUND UM DIE AKRÓPOLIS

Zu Beginn der Bauarbeiten am Museum wurden auf dem Grundstück zahlreiche Gebäudereste aus der Antike freigelegt. Darum hat man das Museum auf Pfeilern errichtet. 🔆 In den Boden des Vorplatzes und in die Geschossböden des Museums selbst sind zahlreiche Panzerglasplatten eingelassen, durch die Sie immer wieder auf diesen Teil des antiken Athens hinunterblicken können.

Das Museum ist nicht in verschiedene Säle gegliedert. Jedes Geschoss zieht sich ohne Zwischenwände um den weitläufigen Kern des Gebäudes herum. Die Objekte stehen frei im Raum, man kann sie von allen Seiten betrachten. Als Stützen für die Decke dienen schlanke Säulen aus glänzendem Edelstahl, die den Besuchern das Gefühl geben, sich in einem antiken Tempel zu bewegen. Bänke und andere moderne Sitzmöbel geben Gelegenheit zur Pause. ● Viele der Museumswärter hier sind gelernte Archäologen, die zumindest Englisch sprechen und auch spezielle Fragen der Besucher beantworten. Zudem werden alle Objekte ausführlich auf Englisch erläutert.

Aus dem Erdgeschoss mit Kassen und einem von zwei Museumsshops spazieren Sie über eine breite, äußerst repräsentative Rampe ins erste Obergeschoss, so wie die Akrópolis-Besucher der Antike über den Panathenäischen Festweg dort hinaufgelangten. Die zu beiden Seiten der Rampe ausgestellten Objekte wurden denn auch alle an den Hängen der Akrópolis gefunden.

Im ersten Obergeschoss, das Sie am besten im Uhrzeigersinn begehen, begegnen Sie zuerst Zeugnissen der archaischen Zeit. Darauf folgen Statuen und diverse andere Objekte. Schließlich dürfen Sie sich den drei Akrópolis-Bauten widmen, die außer dem Párthenon noch auf der Akrópolis stehen: *Propyläen*, *Nike-Tempel* und *Erechtheion*. Auf einer 🔆 Empore hoch über der Rampe haben die berühmten *Karyatiden* von dessen Vorhalle einen markanten Ausstellungsort gefunden. Modelle veranschaulichen jeweils, wie diese Einzelbauten einst aussahen. Ganz nebenbei genießen Sie von hier aus den gleichen fantastischen Blick auf Ägäis und Peloponnes wie die Menschen der Antike, die am Párthenon standen.

Vorbei an der Kafetéria und dem zweitem Museumsshop im zweiten Obergeschoss rollen Sie dann auf einer Rolltreppe zum Höhepunkt hinauf: dem Glaskubus mit den Friesen und Giebelfiguren vom *Párthenon*. Innerer und äußerer Fries wurden wieder so arrangiert, wie es die Architekten vor 2500 Jahren geplant hatten. Dunklere Originale wurden durch hellere Kopien derjenigen Teile ergänzt, die sich in ausländischen Museen befinden. Die meisten dieser Originale besitzt derzeit das Britische Museum in London. Der griechische Staat fordert seit geraumer Zeit die Rückgabe dieser sogenannten „Elgin Marbles". Nicht zuletzt ihretwegen hat man ja auch dieses Museum erbaut – hier könnten sie viel authentischer präsentiert werden als im englischen Museumsmief. *April–Okt. Mo 8–16, Di–So 8–20 (Fr bis 22), Nov.–März Mo–Do 9–17, Fr 9–22, Sa/So 9–18 Uhr | Eintritt 5 Euro | Odós Dionissíou Areopagítou 15 | Tickets auch übers Internet | www.theacropolismuseum.gr*

5 AREOPAG 🔆 (126 B4) (📖 H4)

Rund um die Uhr ist ein kleiner, nackter Fels nahe dem Eingang zur Akrópolis Athens INSIDERTIPP ▶ schönster Aussichtspunkt. Der Zutritt ist frei, kein Wärter hindert Sie daran, hier ein Picknick oder auch Party zu machen. In der Antike tagte hier oben der oberste Gerichtshof Athens und verhandelte vorwiegend Mordsachen. Im Jahr 50 predigte hier

SEHENSWERTES

der Apostel und taufte einen der Richter zum Christen, der als Ágios Dionysios Areopágitos in die Geschichtsbücher einging. *Frei zugänglich*

6 DIÓNYSOS-THEATER
(126–127 C–D5) (💮 *H–J5)*

Sie gehen gern ins Theater? Dann wären Sie ein glücklicher alter Athener gewesen. Hier am Fuß der Akrópolis wurde das moderne europäische Theater im 5. Jh. v. Chr. geboren. Der Eintritt war frei, zeitweise gab es sogar Geld zum Theaterbesuch obendrauf. Die Autoren von damals genießen noch heute Weltruf und werden noch immer gespielt. Für Zahlenhuber ein paar Daten: Schon im frühen 6. Jh. v. Chr. ehrten die Athener hier ihren Gott Diónysos alljährlich mit ausgelassenen Tänzen und Chorgesängen. Im Jahr 534 v. Chr. kam ein gewisser Thespis zu diesen Feiern. Er stellte dem Chor einen Gegenspieler zur Seite, der Dialog war geboren und damit das Theater. Es dauerte nicht lange, bis es seinen ersten Höhepunkt erreichte mit Aischylos (525–456), Sophokles (496–406) und Euripides (480–406).

Zur Zeit des Thespis lagerten sich die Zuschauer noch einfach am Berghang. Um 490 v. Chr. begann man, Zuschauerränge auszuheben und Holzbänke aufzustellen. Von hier aus wohnten die Athener den städtischen Dionysien bei. Sie dauerten jeweils sieben Tage. Theater wurde an drei Tagen gespielt, und zwar in Form eines Wettbewerbs. Je drei Dichter konkurrierten miteinander. Jeder hatte an einem Tag drei Tragödien und ein Satyrspiel (Vorläufer der Komödie) zur Aufführung zu bringen. Die Zuschauer zahlten keinen Eintritt, sondern erhielten ebenso wie für den Besuch der Volksversammlung sogar noch einen Obolus.

Im Jahr 330 v. Chr. wurden die Holzbänke durch Steinbänke ersetzt, das Theater erhielt in etwa seine heutige Form. In der ersten Reihe stellte man marmorne Sit-

Zu Füßen der Akrópolis liegt das einst 17 000 Zuschauern Platz bietende Diónysos-Theater

RUND UM DIE AKRÓPOLIS

ze mit Lehne auf, die den Priestern und anderen Würdenträgern vorbehalten waren. Der mittlere, mit Reliefs verzierte und heute noch sichtbare Sitz stand dem Diónysos-Priester zu. Der römische Kaiser Hadrian ließ sich einen marmornen Ehrenplatz hinter der ersten Sitzreihe errichten, auch dieser ist erhalten.

Unter Kaiser Nero wurde die Bühne so umgestaltet, dass Gladiatorenkämpfe und sogar Wasserspiele veranstaltet werden konnten. Unter Nero entstanden auch die Reliefs an der Vorderbühne, die mythische Szenen darstellen: links die Geburt des Diónysos, daneben ein Opfer für den Gott, rechts die Verehrung des Gottes. *Mai–Sept. tgl. 8–20, April/Okt. tgl. 8–18, Nov.–März tgl. 8–15 Uhr | Eintritt 6 Euro (oder Kombiticket, s. S. 115) | Odós Dionissíou Areopagítou |* INSIDER TIPP *Zugang auch von der Akrópolis aus*

7 HADRIAN-BIBLIOTHEK
(126 C3) (*M* H4)

Haben Sie viel Fantasie? Dann schauen Sie sich das Wenige an, das von einer der luxuriösesten Bibliotheken des Altertums (erbaut ab 132 n. Chr.) übrig blieb. 100 Säulen umstanden den über 100 m langen und 80 m breiten Innenhof mit einer lang gestreckten Brunnenanlage in der Mitte. Das heute fehlende Dach war ursprünglich vergoldet. In den vielen Wandnischen des 20 m breiten Hauptsaals am Ostende der Anlage wurde die Literatur verwahrt. In zwei Sälen für jeweils bis zu 100 Zuhörer konnte man Vorträgen und Lesungen lauschen. Es gab Festräume für literarische Bankette, bei denen die Teilnehmer jeweils zu dritt auf steinernen Liegen lagerten. So haben Literatur und Philosophie sicherlich Spaß gemacht! *Tgl. 8–15 Uhr | Eintritt 4 Euro (oder Kombiticket, s. S. 115) | Odós Áreos*

8 HADRIAN-BOGEN
(127 E5–6) (*M* J5)

Kaiser können ganz schön eitel sein. Der römische Herrscher Hadrian war es ganz bestimmt. Der Wohltäter Athens erweiterte die Stadt beträchtlich. Um zu zeigen, wo sein Neubauviertel begann, ließ er vor fast 1900 Jahren ein 18 m hohes Tor errichten. Zur Akrópolis hin trägt das Tor die Inschrift: „Das ist die Stadt des Theseus, die alte Stadt"; auf der anderen Seite wird verkündet: „Dies ist die Stadt des Hadrian, nicht die des Theseus". *Frei zugänglich | Leofóros Amalías*

9 JÜDISCHES MUSEUM
(127 F4) (*M* J4)

Bis 1943 die Deutschen kamen, lebten in ganz Griechenland zahlreiche Juden. Nur ganz wenige überlebten ihren Abtransport in deutsche Vernichtungslager. Vom Holocaust erzählt das Museum naturgemäß auch, doch die meisten der neun Etagen widmen sich der über 2300-jährigen jüdischen Kultur im Land. *Mo–Fr 9–14.30, So 10–14 Uhr | Odós Níkis 39 | www.jewishmuseum.gr*

10 LYSÍKRATES-DENKMAL
(127 D5) (*M* J5)

Im Rahmen der alljährlichen Dionysien fanden im Diónysos-Theater jeweils dreitägige Theaterwettbewerbe statt. Die Finanzierung des Chors übernahm jeweils ein wohlhabender Bürger, Chorege genannt. Nicht der Autor, sondern der Chorege erhielt dann auch den Siegespreis – einen bronzenen Dreifuß. Ein solcher erfolgreicher Chorege war im Jahr 334 v. Chr. ein Mann namens Lysíkrates. Wie die meisten seiner Vorgänger und Nachfolger stellte er seinen Preis öffentlich aus und errichtete sich damit zugleich selbst ein Denkmal. An der alten Straße von der Agorá zum Diónysos-Theater säumten zahlreiche solche Denkmä-

SEHENSWERTES

ler den Weg. Erhalten blieb als einziges das des Lysíkrates, weil es im Mittelalter als Bibliothek eines Kapuzinerklosters genutzt wurde. Ein nur 25 cm hoher Fries umläuft den Marmorbau. Dargestellt ist der Gott Diónysos, wie er mit einem Jahrhunderte zuvor sorgfältig behauenen Marmorquader konnten als schöne und noch dazu kostengünstiges Baumaterial dienen; uralte Friese und Reliefs bildeten einen willkommenen Schmuck des neuen Kirchleins. INSIDER TIPP Ge-

Unter dem niedrigen Gewölbe der Kleinen Mitrópolis, Athens schönster mittelalterlicher Kirche

Panther spielt, während Satyrn – Naturdämonen aus seinem Gefolge – etruskische Seeräuber für den Versuch bestrafen, Diónysos gefangen zu nehmen. *Frei zugänglich | Odós Lisikrátous*

11 MITRÓPOLIS & KLEINE MITRÓPOLIS (127 D–E3) (*M J4*)

Die orthodoxe *Kathedrale (ganztägig geöffnet)* ist ein Werk des 19. Jhs. – zwar groß, aber keineswegs schön. Ein sehr kurzer Blick hinein genügt.

Unmittelbar neben dieser Hauptkirche Athens steht ganz bescheiden die winzige mittelalterliche *Bischofskirche (meist vormittags geöffnet)*. Als man sie im 12. Jh. erbaute, lagen überall in Athen noch zahllose Bauteile antiker und frühchristlicher Gebäude herum. Die bereits hen Sie um den Bau herum, so erkennen Sie z. B. heidnische Tänzerinnen, einen Löwen, der gerade ein Reh erbeutet hat, und über dem Eingang einen Fries aus dem 4. Jh. v. Chr., der eine ganze Reihe heidnischer Feste darstellt. *Odós Mitropóleos*

12 ODEON DES HERODES ATTICUS (126 B–C5) (*M H5*)

Glanz und Gloria – in jedem Sommer wird das fast 2000 Jahre alte Freilichttheater zum Spot für großartige Konzerte, Ballett, Oper und Schauspiel. Stars, Orchester und Ensembles aus aller Welt geben Gastspiele unterm Sternenhimmel, inspiriert von der Akrópolis gleich über ihnen. Etwa 5000 Zuschauer finden auf den 32 steinernen Sitzreihen Platz. Wie

RUND UM DIE AKRÓPOLIS

so vieles in Athen ist auch dieses Odeon das Geschenk eines reichen Mannes. In diesem Fall hieß der großzügige Stifter im Jahr 161 Herodes Atticus. Sein Vermögen stammte aus einem Schatzfund seines Vaters, er selbst verdiente sein Geld als Erzieher künftiger römischer Kaiser, Rhetoriker und Politiker. *Nur bei Aufführungen zu betreten; sonst guter Überblick von der Akrópolis aus | Veranstaltungen auf www.greekfestival.gr | Odós Dionissíou Areopagítou*

13 RÖMISCHE AGORÁ
(126 C3–4) (*M* H4)

Die alten Römer gingen noch lieber shoppen als die alten Griechen. Darum erweiterten sie das alte griechische Marktgelände im 1. Jh. v. Chr. um eine neue Agorá, von der etwa die Hälfte freigelegt werden konnte. Ihr Kernbau war eine rechteckige Säulenhalle voller Läden und Schänken mit über 100 m langen Seiten und einem großen Innenhof. An ihrer Ostseite erhebt sich als ein markantes Wahrzeichen der Stadt noch immer der 12 m hohe *Turm der Winde*, dessen Inneres Sie betreten dürfen. Außen ist er mit acht Reliefs geschmückt, die personifizierte Winde zeigen. Außerdem war außen eine große Sonnenuhr angebracht. Damit man auch nachts und bei Bewölkung wusste, was die Stunde schlägt, gab es innen eine mächtige Wasseruhr, die die Zeit ebenso exakt maß. Unmittelbar nordwestlich des Turms sind noch die Reste einer antiken Gemeinschaftslatrine zu erkennen, die 70 Männern gleichzeitig Platz bot. Einer der Toilettensitze ist anschaulich restauriert. Einen schönen Überblick über die Bautätigkeit in Athen zu Zeiten des römischen Kaisers Hadrian gibt eine kleine Ausstellung in der kürzlich restaurierten, sehr gut erhalte-

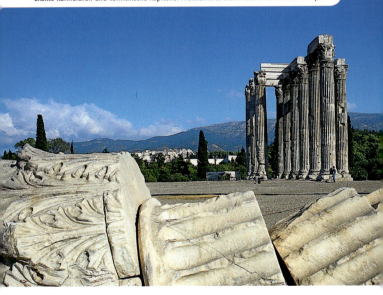

Exakte Kanneluren und korinthische Kapitelle: meisterhafte Steinmetzkunst am Zeus-Tempel

SEHENSWERTES

nen *Fetiye-Moschee* auf dem Gelände der Agorá. *Tgl. 8–15 Uhr | Eintritt 6 Euro (oder Kombiticket, s. S. 115) | Odós Dioskoúri*

14 TEMPEL DES OLYMPISCHEN ZEUS ★ (127 E–F6) (*J5*)

Die mächtigsten Säulen Athens gehören zum *Olympieion*, dem Tempel des Olympischen Zeus. 15 stehen noch aufrecht, eine sechzehnte ist liegend intakt geblieben. Einst besaß der größte Tempel des antiken Hellas 104 fast 17 m hohe Marmorsäulen mit einem nur schwer vorstellbaren Gesamtgewicht von 1500 t – etwa so viel wie 40 Urlauberjets vom Typ Airbus 320. Die Baugeschichte des Tempels erstreckt sich über mehr als 700 Jahre. Erste Arbeiten für einen – allerdings kleineren – Zeus-Tempel an dieser Stelle begannen unter dem Tyrannen Peisistratos vor 550 v. Chr. Seine Söhne Hippias und Hipparch nahmen dann als Erste diesen Riesentempel in Angriff. Doch erst unter dem Athen liebenden römischen Kaiser Hadrian wurde der Tempel um 130 n. Chr. vollendet. In seinem Inneren wurden eine Zeus-Statue aus Elfenbein und Gold verehrt und ein Reiterstandbild des Kaisers. Erdbeben zerstörten den Tempel dann im Lauf der Jahrhunderte. *April–Okt. tgl. 8–20, Nov.–März tgl. 8–15 Uhr | Eintritt 6 Euro (oder Kombiticket, s. S. 115) | Leofóros Amalías/Leofóros Vasilíssis Ólgas*

EMBORIKÓ TRÍGONO & KERAMEIKÓS

Wo kaufen die Athener ein, das ganz normale Volk? Im „Handelsdreieck" zwischen den Plätzen Síntagma, Omónia und Monastiráki.

Wo schlagen sie sich die Nacht um die Ohren? Im alten Handwerkerviertel Psirrí. Und wo ist's ganz ruhig? Auf dem Kerameikós, dem antiken Friedhof Athens. Für einen Power Nap in der Mittagszeit ist er ideal. Im Emborikó Trígono finden die Athener in Tausenden kleiner Läden, was sie für den Alltag brauchen. Weite Wege können sie sich sparen, denn die Geschäfte ballen sich nach Branchen sortiert. Fürs Päuschen zwischendurch haben zahllose Cafés ihre Tische auf die Fußgängergassen gestellt, Sitzbänke ohne Konsumzwang gibt's auch. Besonders viel Trubel herrscht vormittags in den über 100 Jahre alten Markthallen der *Odós Athínas,* die im Ganzen ein Dorado für ambulante Straßenhändler ist. Gleich auf der Westseite der Athínas beginnt das Viertel *Psirrí* mit seinen vielen kleinen Handwerksbetrieben und Läden, das nach Geschäftsschluss zum Szene-

EMBORIKÓ TRÍGONO & KERAMEIKÓS

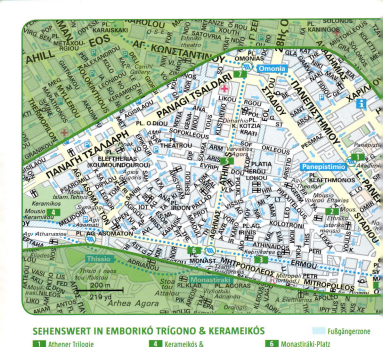

SEHENSWERT IN EMBORIKÓ TRÍGONO & KERAMEIKÓS

///// Fußgängerzone

1. Athener Trilogie
2. Historisches Nationalmuseum
3. Kapnikaréa
4. Kerameikós & Kerameikós-Museum
5. Markthallen
6. Monastiráki-Platz
7. Omónia-Platz
8. Síntagma-Platz

viertel mit Tavernen, Bars, Clubs und Kunstgalerien wird. Noch weiter westlich wird's auf dem Kerameikós ganz ruhig. Deutsche Archäologen haben auf dem Friedhof auch die Reste zweier antiker Stadttore ausgegraben.

1 ATHENER TRILOGIE
(130 A4) (*M J3*)

Das schönste und fotogenste Ensemble klassizistischer Bauten in Athen bezeichnet man auch als „Athener Trilogie". Sie besteht aus der *Universität* (1842) in der Mitte, flankiert von der *Akademie der Wissenschaften* (1887) und der *Nationalbibliothek* (1891). Architekten waren die dänischen Brüder Christian und Theophil Hansen. Nur von außen zu betrachten. *Odós Panepistimíou*

2 HISTORISCHES NATIONALMUSEUM (127 E–F2) (*M J4*)

Die Geschichte Griechenlands vom Ende des Byzantinischen Reichs 1453 bis zum Zweiten Weltkrieg findet im *Ethnikó Istorikó Mousío*, dem ersten Parlamentsgebäude Griechenlands, den passenden musealen Rahmen. Das klassizistische Bauwerk wurde 1858 eingeweiht und diente der Volksvertretung bis 1934 als Versammlungsort. Zu sehen sind neben einer Trachtensammlung vor allem Flaggen und Banner, Waffen, Galionsfiguren und persönliche Gegenstände aus dem

SEHENSWERTES

Besitz von Königen und Freiheitskämpfern. *Di–So 8.30–14.30 Uhr | Eintritt 4 Euro, So frei | Odós Stadíou 13 | www.nhmuseum.gr*

3 KAPNIKARÉA (127 D2–3) (*J4*)
Kleine Verschnaufpause im Shoppingdistrikt: Die fast 1000-jährige Kirche auf Athens wichtigster Einkaufsmeile ist dafür der richtige Ort. Und die frommen Fresken aus dem 19. Jh. an den Wänden bringen Sie vielleicht sogar auf andere Gedanken. *Ganztägig offen | Odós Ermoú*

4 KERAMEIKÓS & KERAMEIKÓS-MUSEUM ★ ● (129 D5) (*G3–4*)
KARTE IM HINTEREN UMSCHLAG
Besonders nach dem Mittagessen ist der Spaziergang über den antiken Friedhof Athens attraktiv. Andere Besucher sind kaum da, im leicht gewellten Gelände finden Sie zwischen Kopien antiker Grabdenkmäler immer ein ganz ruhiges Plätzchen unter schattigen Bäumen, um die Beine auszustrecken. Danach sind Sie wieder frisch, um die gesamte archäologische Stätte zu erkunden. Zur Akrópolis hin sind die beiden bedeutendsten Stadttore des antiken Athen freigelegt worden. Das eine ist das *Heilige Tor*, durch das die Heilige Straße führte, auf der alljährlich ein Festzug nach Eleusis zog. Das andere ist das *Dípylon*, das Doppeltor, durch das im Rahmen der Panathenäen der große Festzug zur Akrópolis die Stadt betrat. Zwischen beiden Toren stand das *Pompeíon,* in dem der Festzug hergerichtet wurde, und in dem sich die Honoratioren zum Festmahl trafen. Sonst diente das Pompeíon auch als Sportstätte für Ringkämpfe.

Das modern konzipierte *Kerameikós-Museum* auf Athens antikem Friedhof zeigt hier gefundene Grabdenkmäler und Vasen. Besonders schön sind ein Koúros und eine Sphinx aus dem frühen 6. Jh. v. Chr., eine Löwenskulptur aus dem späten 6. Jh. v. Chr. und ein monumentaler steinerner Stier aus der zweiten Hälfte des 4. Jh. v. Chr. Alle Objekte werden ausführlich auch auf Deutsch erklärt. *April–Okt. tgl. 8–20, Nov.–März Di–So 8–15 Uhr | Eintritt 8 Euro (oder Kombiticket, s. S. 115) | Eingang an der Odós Ermoú*

Doppelflötenspielerin auf einer Amphore aus dem Kerameikós-Museum

5 MARKTHALLEN ★ ● (129 F4) (*H3*)
In den über 100 Jahre alten Markthallen Athens hängen ganze Ziegen, Lämmer, Rinder- und Schweinehälften am Haken, Hühner sind fein säuberlich in Schlachtordnung aufgereiht, die Zungen der Lammköpfe alle pedantisch in die gleiche Richtung gelegt. Sogar die Schweinepfötchen sind schön arrangiert, man

EMBORIKÓ TRÍGONO & KERAMEIKÓS

Die ganze Vielfalt des Mittelmeers präsentiert sich täglich frisch in den Markthallen

bekommt sofort Appetit! Und alles ist so hygienisch, dass Fliegen und Geruch kaum eine Chance haben. In der Fischhalle ist zu sehen, was die Weltmeere und Zuchtfarmen Griechenlands an Essbarem hergeben. Los- und Plastiktütenverkäufer stehen an den Eingängen zu den Hallen. An deren Außenfronten wird ringsum mit Nüssen und Oliven, Honig, Käse und Eiern, Wein und Spirituosen gehandelt.

Auf der gegenüberliegenden Seite der Athínas-Straße ist der Obst- und Gemüsemarkt angesiedelt, in den Ladenzeilen rings um ihn herum wird mittlerweile überwiegend mit exotischen Produkten wie polnischen Würsten und isländischem Stockfisch gehandelt.

Buntes Markttreiben herrscht hier überall – von montags bis samstags an jedem Morgen. Die Markttavernen sind außer sonntags rund um die Uhr geöffnet – sie bieten eine große Auswahl und sind vor allem nachts wegen ihrer heißen Suppen beliebt. *Odós Athínas*

6 MONASTIRÁKI-PLATZ
(126 C2–3) (*H4*)

Der geschäftige Platz über der gleichnamigen Metrostation ist genau das Gegenteil des szenig-schicken Kolonáki-Platzes. Auch wenn nicht gerade Sonntagvormittag und damit Flohmarkt ist, bestimmt hier der Straßenhandel das Bild. In der ● *Metrostation* blieb ein Stück antikes Athen mit gemauertem Flussbett, Wasserleitungen und Hausruinen erhalten, dass beim U-Bahn-Bau zufällig freigelegt wurde.

7 OMÓNIA-PLATZ
(129 F3–4) (*H–J 2–3*)

Der „Platz der Eintracht" *(Platía Omonoías)* ist im nicht gerade leisen Athen der wohl lauteste Ort. Zu jeder Tages- und Nachtzeit stehen hier Gruppen diskutie-

SEHENSWERTES

render Männer; vor allem ist dies der Treffpunkt der vielen Athener Polen, Albaner und Schwarzmeergriechen. Auch unterirdisch herrscht Betrieb, denn die Metrostation Omónia ist die verkehrsreichste der Stadt.

8 SÍNTAGMA-PLATZ
(130 A–B 5–6) (*J–K4*)
Der Repräsentationsplatz der Hauptstadt, „Platz der Verfassung" *(Platía Sintágmatos)* genannt, ist ein regelmäßiges Viereck mit Bänken und Grünanlagen, das vom Straßenverkehr umbrandet wird. Die Randbebauung ist modern, aus dem 19. Jh. stammen nur die großen Hotels *King George II* und *Grande Bretagne* sowie das ehemalige Königsschloss am oberen Platzende. Letzteres entstand in den Jahren 1834–38 und dient heute als *Parlament* sowie als Sitz des Präsidenten. Vor dem Schloss halten Evzonen, Wachsoldaten in historischer Tracht, Ehrenwache vor dem Grabmal des Unbekannten Soldaten, zu jeder vollen Stunde machen sie ein paar markante Schritte, an jedem Sonntag um 11 Uhr findet ein großer Wachwechsel statt.
Unter dem Platz gibt es ebenfalls Sehenswertes: In Athens prachtvollster ● *Metrostation* sind viele INSIDER TIPP antike Funde ausgestellt, auf die man während der Bauarbeiten gestoßen ist.

ZWISCHEN LIKAVITTÓS & STADION

Zwischen dem markanten Gipfel des 277 m hohen Likavittós und dem Panathenäischen Stadion liegen die vornehmsten Wohnviertel der Innenstadt.
Hier haben die Staats- und der Ministerpräsident ihre Amtssitze, hier sind zahlreiche Ministerien und Botschaften angesiedelt. Nationalgarten, Záppion-Park und Likavittós sind die grünen Lungen der City. Der Boulevard Leofóros Vasslíssis Sofías darf als Museumsmeile der griechischen Hauptstadt gelten, der die moderne Konzerthalle noch das kulturelle i-Tüpfelchen aufsetzt. Im Südwesten des Likavittós bewahrt sich das *Kolonáki-Viertel* trotz großer Verkehrsprobleme und viel zu schmaler Bürgersteige noch immer den Ruf des mondänsten Einkaufsviertels Athens. Nördlich schließt sich das Exarchía-Viertel an, in dem viele Athener Studenten wohnen und gelegentlich für demokratische Unruhe sorgen.

1 BENÁKI-MUSEUM (130 B5) (*K4*)
Museum kompakt: In Griechenlands bedeutendstem privaten Museum sind

EINFACH MAL AUSZEITEN

Pool und Meer sind normal. Athener haben eine dritte Alternative: den ● *See von Vouliagméni* **(139 E4)** (*O*), einem Küstenvorort. Thermalquellen halten in dem als Bad gefassten See die Wassertemperatur ganzjährig auf mindestens 22 Grad. Die Natur sorgt für eine Felskulisse samt Grotte, das *Beach Café* für Service am Deckchair. *Mai–Okt. tgl. 7 Uhr bis Sonnenuntergang, sonst 8–17.30 Uhr | Eintritt 10 Euro | Schnellbuslinien A 3 und B 3 ab Hadrianstor in Fahrtrichtung Meer | www.limnivouliagmenis.gr*

47

ZWISCHEN LIKAVITTÓS & STADION

Kunstobjekte aus 5000 Jahren unter einem Dach vereint. Auch moderne Kunst ist vertreten. Unter den Objekten aus der Antike ragen zwei einfache, 5000 Jahre alte goldene Vasen heraus. Sehr beeindruckend ist das fast fotografisch genaue Mumienporträt eines jungen Mannes, entstanden im 3. Jh. in Ägypten. In einem Saal können Sie zwei Bilder des berühmten, aus Kreta stammenden Malers El Greco (1541–1614) betrachten.

Am interessantesten in diesem Museum sind die volkskundlichen Sammlungen. Hier sind hervorragende Stickereien und Webarbeiten namenloser Frauen ausgestellt, Dinge, die heute unbezahlbar wären. Man findet Trachten aus den meisten Regionen Griechenlands, naiv bemalte Truhen, Keramik und Erzeugnisse begabter Holzschnitzer. Am allerschönsten sind aber wohl der goldene, mit Emaille und echten Perlen besetzte INSIDERTIPP Anhänger in Form eines Dreimasters unter vollen Segeln von der Insel Pátmos und sehr ähnliche goldene Ohrringe von der Insel Sífnos – alles Werke des 17. Jhs. *Mi, Fr 9–17, Do, Sa 9–24, So 9–15 Uhr | Eintritt 9 Euro, Do frei | Leofóros Vasilíssis Sofías/Odós Koumbári | www.benaki.gr*

2 BYZANTINISCHES MUSEUM
(130 C5–6) (m L4)

Haben Sie schon einmal einen Heiligen mit einem Hundekopf gesehen oder Jesus in seiner Krippe ganz ohne Eltern? In diesem modernen Museum sehen Sie das „Baby allein im Stall" auf einem 1500 Jahre alten Marmorrelief von der Insel Náxos und eine Ikone, die den hl. Christophorus als Mensch mit Hundekopf zeigt. Die Legende dahinter: Er war so schön, dass alle Frauen ihm nachstellten. Er aber hatte nur Keuschheit im Sinn und bat Gott um Abhilfe. Der wechselte seinen Kopf aus. Doch keine Angst: Alle anderen Heiligen auf den weit über 100 prächtigen Ikonen im Museum sind völlig normal, wenn man das von diesen besonderen Menschen denn sagen kann. *Tgl. 9–16 Uhr | Eintritt 4 Euro (oder Kombiticket, s. S. 115) | Leofóros Vasilíssis Sofías 22*

3 KRIEGSMUSEUM
(130 C5–6) (m L4)

Viel interessanter als Waffen, Flugzeuge, Uniformen und Orden sind die vielen Fotos, die vom unsäglichen Leiden der Menschen an den „Arbeitsplätzen" der Militärs erzählen – und wahrhaft schockierend die Bilder, die deutsche Gräueltaten während des Zweiten Weltkriegs zeigen. *Mo 11–16, Di–Sa 9–19/17, So 11–17/15 Uhr | Eintritt 4 Euro | Odós Ri-*

Blick vom Areopag auf den die Stadt überragenden Likavittós

SEHENSWERTES

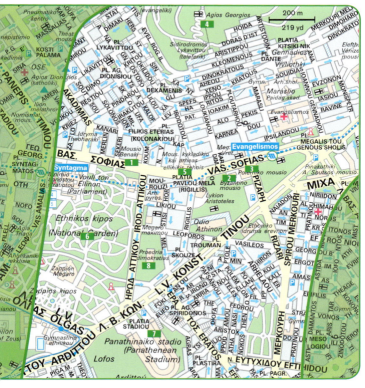

ZWISCHEN LIKAVITTÓS & STADION

1. Benáki-Museum
2. Byzantinisches Museum
3. Kriegsmuseum
4. Likavittós
5. Museum für kykladische Kunst
6. Nationalgarten
7. Panathenäisches Stadion
8. Präsidentenpalast

Fußgängerzone

zári 2/Leofóros Vasilíssis Sofías | www.warmuseum.gr

4 LIKAVITTÓS ★
(130–131 C–D 3–4) (*K–L3*)

Der 277 m hohe Kalksteinfelsen beherrscht mehr noch als der Akrópolishügel das Bild Athens. Er erhebt sich über das Häusermeer mit einem grünen Gartenkragen, aus dem ein kahler Felskopf herausragt. Angenehme Spazierwege und eine Standseilbahn im Innern des Berges führen zum Gipfel, auf dem eine kleine, um 1990 neu im traditionellen byzantinischen Stil ausgemalte Kapelle dem heiligen Georg geweiht ist. An klaren Tagen können Sie von hier aus nicht nur die Athen umgebenden Berge, sondern auch die Insel Ägina und die Gipfel des Peloponnes erkennen; auch der Sonnenuntergang ist von hier aus ein Erlebnis. *Standseilbahn tgl. 9–2.30 Uhr | ein-*

ZWISCHEN LIKAVITTÓS & STADION

Symbolhafte Wendemarken im Panathenäischen Stadion: die zweiköpfigen Pfeiler „Jugend & Alter"

fache Fahrt 5 Euro, Hin- und Rückfahrt 7 Euro | Talstation am oberen Ende der Odós Plutárchou | Bus 60 ab Kolonáki-Platz bis „4H Lykavittós"

5 MUSEUM FÜR KYKLADISCHE KUNST ★ (130 C5) (*K4*)

Und das soll uralt sein? Die Frage stellt man sich leicht in diesem modernen Museum, das sich ganz der ältesten Epoche der griechischen Kunst widmet. Was hier nach Henry Moore und moderner Bildhauerei aussieht, hat 4000 bis 5200 Jahre auf dem marmornen Buckel. Man nennt die kleinen, stark abstrahierten Figuren Idole. Sie stammen von der Inselgruppe der Kykladen. Ausgestellt sind etwa 230 Objekte. Anfangs stellten die Figuren – stark stilisiert und mit phallusförmigem Hals – die Große Göttliche Mutter, die Gebärerin allen Lebens, dar. Später traten Musikanten hinzu, die zum Gefolge der Göttin gehören, und gegen Mitte des 3. Jts. v. Chr. tauchten dann erste Kriegerfiguren auf.

Weil sie so zeitlos wirken, eignen sich die Idole perfekt für modernes Design. Im INSIDER TIPP Museumsladen zieren sie Textilien, Papier und vieles mehr, auch von aktuellem Schmuck werden sie übernommen. *Mo, Mi, Fr, Sa 10–17, Do 10–20, So 11–17 Uhr | Eintritt 7 Euro | Odós Neofítou Doúka 4 | www.cycladic.gr*

6 NATIONALGARTEN ★
(130 A–B 5–6) (*J–K 4–5*)

Mitten im Großstadttrubel liegt eine Oase der Ruhe: der Nationalgarten *(Ethnikós Kípos)*. Im Schatten hoher Palmen und alter Bäume können Sie hier Athener Volksleben und, wenn Sie mögen, Ihr Picknick genießen. An einem kleinen Teich werden Enten gefüttert und mit Sesam bestreute Brotkringel verkauft. Es gibt einen großen Kinderspielplatz und das nette INSIDER TIPP *Kaffeehaus O Kípos*. *Tgl. von Sonnenaufgang bis Sonnenuntergang | Eintritt frei | Haupteingang am Leofóros Amalías nahe dem Síntagma-Platz*

SEHENSWERTES

7 PANATHENÄISCHES STADION
(134 B–C2) (*K5*)

Alle vier Jahre wurde im antiken Athen mitten im Hochsommer das Hauptfest der Stadt, die Panathenäen, gefeiert. Dazu gehörten auch sportliche Wettkämpfe, die genau an der Stelle des heutigen alten Stadions ausgetragen wurden. Es liegt in einer natürlichen Mulde zwischen zwei Hügeln. Ursprünglich war nur die Wettkampffläche planiert, die Zuschauer lagerten auf Erdwällen an den Seiten. Um 140 n. Chr. stiftete der hohe Beamte Herodes Atticus Marmorsitze für alle Zuschauer. Damals, in römischer Zeit, fanden hier nicht nur sportliche Wettkämpfe, sondern auch Gladiatorenkämpfe statt. Von Kaiser Hadrian ist überliefert, dass er einmal eintausend wilde Tiere gleichzeitig in das Stadion hetzen ließ.

Als Athen zum ersten Austragungsort der modernen Olympischen Spiele gewählt wurde, fand sich erneut ein reicher Gönner, der die Restaurierung des alten Stadions finanzierte. Es gab viel Arbeit, da die antike Stätte im Mittelalter als Steinbruch hatte herhalten müssen. Schließlich konnten hier aber pünktlich zur Eröffnung der Spiele im Sommer 1896 auf 44 Stufenreihen 70 000 Zuschauer der Wiederaufnahme dieser alten Tradition beiwohnen. Für die Olympischen Spiele 2004 wurde das Stadion als Wettkampfstätte der Bogenschützen und als Zielort des Marathonlaufs hergerichtet. *April–Okt. tgl. 8–19, Nov.–März Di–So 8–17 Uhr | Eintritt 3 Euro | Platía Stadíou*

8 PRÄSIDENTENPALAST
(130 B6) (*K4*)

Die Villa Mégaro Máximou, 1924 für den damaligen Direktor der Nationalbank und späteren Premierminister Dimítrios Máximos errichtet, ist heute der Amtssitz des griechischen Staatspräsidenten. Der kleine Palastgarten ist an den meisten Sonntagnachmittagen für Besucher geöffnet. *Odós Iródou Áttikou*

PIRÄUS

Der Name der Hafenstadt Athens ist weltberühmt. Ein Besuch lohnt sich aber nur, wenn Sie gern große Schiffe oder Luxusyachten sehen. Dann nichts wie hin!

Gleich wenn Sie aus der Metro steigen, dümpeln große Pötte vor Ihren Augen. Flotte Männer im Matrosenanzug werden Sie aber kaum erspähen. Am besten, Sie gehen über die Fußgängerbrücke vor dem Metrobahnhof und dann 100 m nach links zum Karaiskáki-Platz, wo Bus 904 zur billigen Piräus-Rundfahrt abfährt. Sie haben ja ein Tagesticket in der Tasche und können unterwegs überall aussteigen, wo es Ihnen gefällt.

LOW BUDG€T

Für eine stimmungsvolle Stunde ohne Verzehrzwang über dem Lichtermeer der Metropole ist der ● *Areopag-Felsen* **(126 B4)** (*H4*) ideal. Hier oben kann man getrost sein mitgebrachtes Picknick verzehren und dazu eine Flasche Wein aus dem Supermarkt genießen.

Preiswerte Stadtrundfahrt: Einen ausgezeichneten Überblick über *Piräus* und seine Häfen ermöglicht eine Rundfahrt mit dem Linienbus 904. Er fährt unmittelbar vor der Metrostation (Ostseite) zwischen 5 und 23 Uhr alle 20 Minuten ab. Wer auf der rechten Seite sitzt, sieht am besten.

PIRÄUS

Wenn Sie dann wieder am Karaiskáki-Platz sind, können Sie noch so lange an den vielen großen Fähren entlangbummeln, bis Sie wieder nach Athen zurück wollen.

1 ARCHÄOLOGISCHES MUSEUM
(136 C4) (*M 0*)

Ihre Meinung ist gefragt: Gehört der nackte, 2600 Jahre alte Jüngling im Museum zu den schönsten der Welt? Auf jeden Fall hat er sich bestens gehalten, denn die Bronzestatue lag etwa zwei Jahrtausende lang auf dem Meeresgrund und entging so den Schmelzöfen des Mittelalters. Und wenn Sie schon einmal da sind, schauen Sie sich doch auch das monumentale Grabdenkmal aus der Zeit um 330 v. Chr. an. Es ähnelt in vielem dem etwa zeitgleich entstandenen Mausoleum von Halikarnassós, das im heute türkischen Bodrum stand und zu einem der sieben Weltwunder der Antike zählte. *Di–So 8–15 Uhr | Eintritt 4 Euro | Odós Charilóou Trikoúpi 31 | Metrolinie 1 Endstation Piräus, dann Bus 904 bis Filéllinon*

2 KANTHARÓS-HAFEN
(136 A–C 2–4) (*M 0*)

Achtung, Suchtgefahr! Sehnsucht nach der großen weiten Welt kommt im größten Passagierschiffhafen Europas mit Sicherheit auf. Große Autofähren und schnittige Katamarane fahren von hier den ganzen Tag und Abend über zu fast mehr als 70 bewohnten griechischen Inseln, und riesige Kreuzfahrtendampfer liegen eigentlich immer vor den drei Cruise Terminals. An die meisten Schiffe kommen Sie ganz nah ran, wenn Sie auf den 3 km langen Kais herumschlendern. ● Außerdem verkehren kostenlose Busse für Passagiere im Hafengebiet, die Sie nutzen können! Nur Hafenrundfahrten gibt es nicht. Stattdessen könnten Sie einfach nach zur Insel *Ägina* (s. S. 60) fahren – dabei erleben Sie den Hafen sehr schön vom Wasser aus und passieren auch gleich noch viele Tanker und Frachter, die draußen auf Reede liegen. *Metrolinie 1 Endstation Piräus*

3 MIKROLÍMANO-HAFEN ●
(137 F4) (*M 0*)

Das schönste Hafenbecken von Piräus, bis 1974 auch Túrkolimano, also Türkenhafen, genannt, liegt voller Fischerboote und kleiner Yachten. An der Kaimauer sind neben Cafés und Tavernen die besten Fischrestaurants der Stadt versammelt. Und abends geht hier auch in Clubs die griechische Post ab. *Metrolinie 1 Endstation Piräus, dann Trolleybus 20 in Richtung Néo Faliró*

4 NAUTISCHES MUSEUM
(137 D5) (*M 0*)

Anhand von Schiffsmodellen gibt das kleine Museum *(Navtikó Mousío)* am Yachthafen Zéa Marína von Piräus einen Überblick über die griechische Seefahrtsgeschichte von der Antike bis heute. Anschaulichen Geschichtsunterricht erteilt ein Modell der Seeschlacht von Sálamis, in der die Griechen mit ihren sehr viel kleineren, aber dafür wendigeren Schiffen die mächtige Kriegsflotte der Perser vernichteten. Auf dem Vorhof ist der Turm eines griechischen U-Boots aus dem Zweiten Weltkrieg ausgestellt. *Di–Sa 9–14 Uhr | Aktí Themistokléous | Zéa Marína Piräus | Bus 904 bis Naftikó Mousío*

5 INSIDER TIPP ▶ SKAFÁKI-BUCHT
(136 B6) (*M 0*)

An der Bucht abseits der gängigen Touristenpfade sind die Reste der antiken Stadtmauer aus dem frühen 4. Jh. v. Chr. samt ihrer Türme besonders gut erhalten. Abends werden sie effektvoll angestrahlt. Einheimische gehen hier das

SEHENSWERTES

Im Mikrolímano-Hafen: Zwei schicke alte Yachten umrahmen den Blick auf Piräus

ganze Jahr über schwimmen. *Aktí Themistokléous | Metrolinie 1 Endstation Piräus, dann Bus 904 bis Haltestelle Skafáki*

6 ZÉA MARÍNA (137 D4–5) (*O*)

Die meisten Motoryachten in der größten Marina des Landes sind sicherlich weißer als die Westen ihrer Besitzer. Vergessen wir's und staunen wir über den Luxus, den wir nur aus dem Fernsehen kennen. *Metrolinie 1 Endstation Piräus, dann Trolleybus Nr. 20 in Richtung Néo Faliró oder Bus 904 bis Haltestelle Pása Limáni*

AUSSERDEM SEHENSWERT

Lust auf mehr und Meer? Neben den vielen Sehenswürdigkeiten und Museen im Herzen Athens gibt es auch in den zahlreichen Stadtteilen rund um die City so manches, das eine Besichtigungstour lohnt.

Das Archäologische Nationalmuseum im Viertel des Polytechnikums können Sie vom Omónia-Platz aus sogar bequem zu Fuß erreichen, die anderen wichtigen Attraktionen mit Bus oder Tram vom Zentrum aus. Wenn Sie byzantinische Kunst lieben oder ganz einfach nur mal raus aus der Stadt ins Grüne wollen, fahren Sie zum Kloster von Kessarianí am Hang des über 1000 m hohen Ymettós. Seefahrtromantiker zieht es zum Museumshafen Trocadéro am *Saronischen Golf*, dessen kleine Inseln zudem zu einer Mini-Kreuzfahrt (s. S. 60) einladen. Antike Geschichte, ganz modern und spannend präsentiert, erleben Groß und Klein im Hellenic Cosmos in einem ehemaligen Industrieviertel zwischen Athen und Piräus.

ARCHÄOLOGISCHES NATIONALMUSEUM ⭐ (130 A2) (*J2*)

Da müssen Sie durch! Aber wie, wenn Sie sich nicht länger als für die Dauer eines Fußballspiels aus dem Heute ausklinken und dabei auch noch klüger wer-

AUSSERDEM SEHENSWERT

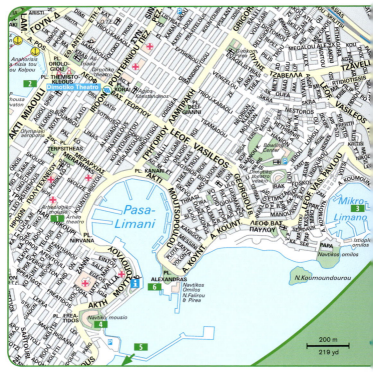

SEHENSWERT IN PIRÄUS
- **1** Archäologisches Museum
- **2** Kantharós-Hafen
- **3** Mikrolímano-Hafen
- **4** Nautisches Museum
- **5** Skafáki-Bucht
- **6** Zéa Marína

den wollen? Vorschlag: Sie schauen sich an, wie der Mensch lernte, sich selbst darzustellen!Gehen Sie zunächst in den Mykenischen Saal gleich gegenüber vom Haupteingang. Der Blick fällt schnell auf die Vitrine mit den Goldfunden Heinrich Schliemanns. Die goldene Totenmaske, die er für die des sagenhaften Königs Agamemnon hielt, stammt aus der Zeit um 1580 v. Chr., also aus der Frühzeit Mykenes.

Nach rechts gelangen Sie in den Saal der Kykladenkultur, deren 4000–5000 Jahre alte Kunst sehr modern wirkt. Die eindrucksvollsten der ausgestellten Idole sind wohl der sitzende Harfenspieler und der stehende Doppelflötenspieler. Gehen Sie nun in den Kassenraum zurück, so können Sie die Besichtigung im Uhrzeigersinn fortsetzen. Durch einen Raum mit Werken aus der geometrischen Epoche (1100–700 v. Chr.), in der geometrische Motive als Dekor vorherrschen und Menschen und Tiere fast strichartig dargestellt sind, kommen Sie in den Saal VIII. Hier faszinieren zwei etwa 3 m hohe

SEHENSWERTES

Koúroi vom Kap Soúnion aus der archaischen Epoche (700–480 v. Chr.). Sie zeichnet sich durch orientalische Einflüsse, eine Vorliebe für mythologische Themen und starke Formalisierung aus – so wirken die beiden nackten Jünglinge aus der Zeit um 600 v. Chr. noch steif und unbewegt, ein individueller Ausdruck fehlt weitgehend.

Im Lauf der Jahrzehnte wurden die archaischen Skulpturen weniger steif wirkend gearbeitet. Die Gesichtszüge wurden lockerer, ein verhaltenes Lächeln, eine Fußbewegung oder eine kleine Anspannung der Glieder führten zu einer individuelleren Ausdruckskraft.

Im Saal XVI stehen Sie bereits mitten in der klassischen Kunst (480–330 v. Chr.). Ein schönes Beispiel dafür ist das um 440 v. Chr. entstandene Weiherelief aus Eleusis. Es zeigt die Göttin Demeter, die Triptolemos eine Getreideähre übergibt und damit der Menschheit das Korn schenkt, zusammen mit ihrer Tochter Persephone. Weitere besonders schöne Beispiele für die klassische griechische Kunst sind die überlebensgroße Bronzestatue des seinen Dreizack schleudernden Meeresgottes Poseidon, die um 460 v. Chr. entstand, sowie im Saal XVIII die Grabstele der Hegeso vom Ende des 5. Jhs. v. Chr. Allen klassischen Werken gemeinsam sind die Betonung der Körperlichkeit von Menschen und Göttern, die starke Ausdruckskraft, die individuelle Gestaltung und das Streben nach Schönheit und Würde. Die Natur wird erkannt, aber idealistisch überhöht.

Gerade diese Idealisierung fehlt den Werken der hellenistischen Epoche (330–146 v. Chr.) und der römischen Zeit (146 v. Chr.–395 n. Chr.). Deutlich wird das schon am „Reitenden Knaben" aus dem 2. Jh. v. Chr. im Saal XXI, der bereits barock verzerrt wirkt. Noch weiter geht die Marmorgruppe mit der Liebesgöttin Aphrodite, dem Hirtengott Pan und Eros: Das Ensemble wirkt äußerst verspielt und zugleich ganz unpersönlich. Der Bockshörner tragende Pan, von Eros inspiriert, schäkert mit der Göttin, die sich scherzhaft weigert, ihm ihre Sandale zu über-

Eins der berühmtesten Exponate im Archäologischen Nationalmuseum: der „Reitende Knabe"

AUSSERDEM SEHENSWERT

lassen. *April–Okt. tgl. 8–20 Uhr, Winter: s. Website | Eintritt 10 Euro (oder Kombiticket, s. S. 115 | Odós Patission 44 | www.namuseum.gr | ab Omónia und Sýntagma Buslinien, z. B. Trolleybus 2 bis Haltestelle Polytechnío oder Égyptou*

Athen besitzt viele beschauliche Ecken, so wie hier in der Pláka

EMST – NATIONALES MUSEUM FÜR ZEITGENÖSSISCHE KUNST
(133 E3) (*H6*)

Ein Bayer namens Johann Fuchs gründete 1864 die erste Großbrauerei Griechenlands. Weil sein Name für die Griechen schwer auszusprechen war, nannte er sein Bier Fix. 1982 wurde die Produktion eingestellt. Das riesige, erst 1961 fertiggestellte Betriebsgebäude im Herzen Athens stand leer – bis es 2011 sehr aufwendig zum Kunstmuseum umgebaut wurde. Im Frühjahr 2017 wurde es erstmals vollständig genutzt – für den Athener Part der Documenta 14. Aber selbst diese große Ausstellung konnte den Riesenbau nicht ganz füllen. Jetzt werden wieder nur kleine Teile für Wechselausstellungen und eine Präsentation des festen Museumsbestandes benötigt. Sie sind immer einen Besuch wert – schon allein des Raumgefühls wegen. *Tgl. 11–19 Uhr | variable Eintrittspreise je nach Ausstellungen | Leofóros Kallirrois/Odós Frantzi | www.emst.gr | Metro Syngroú-Fix*

INSIDER TIPP ▶ HELLENIC COSMOS
(139 E3) (*C–D6*)

Ist Ihnen ein ungewöhnliches Erlebnis eine kurze Taxifahrt für ca. 5 Euro und ein wenig Internetrecherche wert? Dann nichts wie auf zum Hellenic Cosmos, aber nur freitags bis sonntags. Dann können Sie dort in einem futuristischen *Virtual Reality Theatre* wie eine Taube durch die Hagia Sophia fliegen, dabei vieles über deren Architektur und Baugeschichte erfahren. Oder über die wieder belebte und wieder aufgebaute antike Agorá spazieren und selbst an einem Scherbengericht aktiv teilnehmen. Auch das antike Olympia und die antike Stadt Milet werden in einer knapp einstündigen Show reanimiert. Möglich machen es modernste Computertechnik und eine Riesenleinwand, die Ihr gesamtes Blickfeld ausfüllt. Da kann einem schon manchmal schwindelig werden.

Auch wenn alle Programme nur auf Griechisch präsentiert werden (englisch nur auf Anfrage), ist das Ganze ein großes Erlebnis. Den genauen Spielplan können Sie auf *www.tholos254.gr* studieren. Zum großen Komplex auf einem alten Fabrikgelände gehören außerdem verschiedene Wechselausstellungen und ein *Theater (www.theatron254.gr)*, dessen

SEHENSWERTES

Musicalproduktionen sich urgriechischer Themen annehmen. *Juni–Sept. Di–Fr, So 10–15 Uhr; Okt.–Mai Di–Do 9–13.30, Fr 9–20, Sa 11–16, So 10–18 Uhr | Eintritt je nach Nutzungsgrad ab 14 Euro | Odós Piréos 254 | www.hellenic-cosmos.gr | Bus 049 und 914 ab Omónia-Platz bis Haltestelle Skolí Kalón Technón*

KESSARIANÍ (139 E3) (*0*)
Sie wollen der Stadt mal entfliehen? Noch auf Athener Stadtgebiet, aber schon mitten im Grün der Wälder am Hang des 1025 m hohen Berges Ymettós steht ein uraltes, heute unbewohntes Kloster, dessen Kirche und Zellentrakte sehr gut erhalten sind. Zypressen, Blumentöpfe und Beete schmücken den Klosterhof, Vögel zwitschern, Katzen streichen zwischen den Resten antiker und christlicher Bauten herum.

Das Kloster wurde bereits im 11. Jh. gegründet; aus dieser Zeit stammen noch das Badehaus und die Kirche. Die Wandmalereien in der Kirche stammen aus dem frühen 18. Jh., während diejenigen in der Vorhalle – dem Narthex – 1682 entstanden. *Di–So 8–15 Uhr | Eintritt 2 Euro | Bus 224 ab Byzantinischem Museum an der Leofóros Vasilíssis Sofías bis Endstation, dann 30 Minuten zu Fuß*

NIÁRCHOS CULTURAL CENTER
(139 E3) (*0*)
Mit 600 Mio. Euro kann man sich viel kaufen. Oder seiner Heimatstadt etwas Gutes tun. So wie der 1996 verstorbene Großreeder Stávros Niárchos. Die von ihm gegründete Stiftung hat kurzerhand die alte Pferderennbahn von Athen erworben und daraus einen 210 ha großen Park gemacht. Zwei Meisterwerke moderner Architektur hat man beim italienischen Stararchitekten Renzo Piano in Auftrag gegeben: die *Nationaloper (www.nationalopera.gr)* und eine neue *Nationalbibliothek*. 2016 wurden sie fertiggestellt. Beide kann man besichtigen, der Oper sogar aufs hohe Dach steigen, vom dem aus der Blick aufs Meer und über Athen und Piräus ganz einfach umwerfend ist. Zwei moderne Restaurants mit exzellentem Preis-Leistungs-Verhältnis gehören ebenso zum Gesamtkonzept wie ein breit gefächertes Veranstaltungsprogramm vor allem für Locals. Das reicht von Yoga und Gartenbaukursen bis hin zum Kanuunterricht

FIT IN THE CITY

Zum Joggen finden sich sportliche Athener und Athenerinnen am Aríttós-Hügel rund ums Panathenäische Stadion ein. Wer Tai-Chi bevorzugt, begibt sich an den Nordosthang des Likavittós auf den Fußweg, der an der Odós Paligenesías, Ecke Odós Daskalogiánnis beginnt. Wer die Athener Innenstadt mit dem Rad erkunden möchte, schließt sich den 9 km langen, geführten Radtouren von *Athens by bike (Tel. 2130 42 07 24 | www.athensbybike.gr)* an, die nach Voranmeldung an jedem Vormittag nahe dem Akrópolis-Museum beginnen. Auch ein Fahrrad zu mieten ist dort möglich. Nach der Action geht's dann in den stylischen *Polis Hammam (Mo–Fr 12–23, Sa/So 11–23 Uhr | Odós Avlíton 6–8 | Psirrí | Tel. 210 3 21 20 20 | www.polis-hammam.gr)* zum Schwitzen und Massieren – Massagen nur mit Voranmeldung, Badezeug ist mitzubringen.

AUSSERHALB

auf einem eigens geschaffenen, 800 m langen Wasserlauf. Und im Winter wird eine große Eislaufarena aufgebaut. *Leofóros Syngroú 364 | kostenlose Shuttlebusse ab Síntagma-Platz und EMST | Führungen tgl. 9–21 Uhr | Anmeldung unter Tel. 21 68 09 10 04 | www.snfcc.org*

INSIDERTIPP TROCADERÓ-HAFEN
(139 E3) (*M 0*)

In Athens Museumshafen können Sie den Panzerkreuzer „Georgios Averoff" aus dem Ersten Weltkrieg ausgiebig besichtigen. Man vergleiche die Enge des Mannschaftsschlafraums mit dem Luxussalon des Admirals! Daneben liegen der Nachbau einer antiken Trireme aus dem 5. Jh. v. Chr., ein Zerstörer aus dem Jahr 1942 und eine alte Inselfähre aus der frühen Nachkriegszeit. *Di–Fr 9–14, Sa/So 10–17 Uhr | Eintritt 3 Euro | www.averof.mil.gr | Tram Richtung Néo Faliró bis Haltestelle Trocadéro*

AUSSERHALB

Wer sich länger als nur zwei, drei Tage in Athen aufhält, findet vielleicht auch Zeit für einen Ausflug in die Umgebung.

Den Besuch des Klosters Dafní können Sie gut mit der Besichtigung der antiken Ausgrabungen von Eleusis verbinden. Den Saronischen Golf erleben Sie zum einen bei einer Busfahrt entlang der Küste bis zum Kap Soúnion, der äußersten Landspitze Attikas, und zum anderen an Bord einer Fähre oder eines Ausflugsschiffs auf dem Weg zu den Inseln im Argosaronischen Golf. Da erwacht in Ihnen vielleicht ja die Lust, im nächsten Urlaub die Inselwelt der Ägäis zu entdecken!

DAFNÍ (139 E3) (*M 0*)

Zur Hölle mit Jesus! Das ist in der 900 Jahre alten ehemaligen Klosterkirche von Dafní kein Aufruf zum Unglauben, sondern Glaubensbekenntnis: Nach orthodoxer Überzeugung fuhr der Gottessohn nach seiner Auferstehung sogleich in die Hölle hinab. Was er dort vollbrachte, zeigt ein dramatisch gestaltetes Mosaik in der 900 Jahre alten Kirche des ehemaligen Klosters von Dafní:

Christus, angetan mit einem goldenen Gewand und das Kreuz in der Rechten haltend, hat gerade gewaltsam die Pforten zum Totenreich aufgebrochen. Die Türflügel liegen kreuzförmig auf dem Boden, Schlüssel, Schlösser und Türbeschläge sind losgerissen und zeugen von der Kraft des Eindringenden. Seine Füße, an denen deutlich die Wundmale von der Kreuzigung zu erkennen sind, halten den am Boden liegenden Herrn der Unterwelt – Hades – nieder. Mit seiner Linken zieht Christus Adam stellvertretend für die ganze Menschheit aus einem Sarkophag. Aber Hades kämpft noch immer um die Toten, hält sich an Adams Fuß und Gewand fest. Hinter Adam harren bereits Eva und alttestamentarische Könige mit Kronen auf den Häuptern auf ihre Erlösung, auf der anderen Seite warten Johannes der Täufer und weitere Gerechte. Die Aussage des Bildes ist eindeutig: Durch seinen Menschentod am Kreuz und durch seine göttliche Kraft hat Christus den Tod besiegt.

Das Höllenfahrtsmosaik war eins von insgesamt 76 Mosaiken mit prächtigem Goldhintergrund, die zu den Meisterwerken byzantinischer Kunst und zum Weltkulturerbe der Unesco zählen. Viele waren recht gut erhalten, bis ein Erdbeben sie 1999 schwer beschädigte. Seit über 15 Jahren werden sie jetzt in mühevoller Kleinarbeit originalgetreu restauriert. Deswegen sind die Öffnungszeiten für Besucher leider auch stark eingeschränkt. *April–Okt. Di u. Fr 9–14, Nov.–März 8– 15 Uhr | Eintritt frei | 11 km*

SEHENSWERTES

Lässt vergangene Pracht erahnen: die Kuppel der Klosterkirche von Dafní

westlich der Stadt | Linienbus A16 ab Platía Eleftherías/Platía Koumoundoúrou (129 E4) (H3)

ELEUSIS (139 D–E3) (O)

Das soll Europas Kulturhauptstadt 2021 werden? Man mag es kaum glauben, denn Eleusis *(Eléfsina)* ist eine heruntergekommene Industriestadt mit 20 000 Ew., die enorm unter Umweltverschmutzung, Wirtschaftskrise und Arbeitslosigkeit leidet. Alles zeugt bisher von Niedergang. Schön ist nur der Anblick der vielen stillgelegten und ausgemusterten Tanker und Frachter im engen Sund zwischen Eleusis und der Insel Sálamis. Aber auch sie sind ja im Grunde ein Umweltproblem. Inmitten dieser eher abschreckenden Szenerie haben Archäologen eine ganz wichtige Mysterienstätte der Antike freigelegt.

Was genau die Mysterien waren, weiß man nicht, denn allen, die an ihnen teilgenommen hatten, war es unter Androhung der Todesstrafe verboten, darüber zu berichten. Die Mysterien waren der Sage nach von der Fruchtbarkeitsgöttin Demeter selbst gestiftet worden. Hades, der Gott der Unterwelt, hatte ihre Tochter Persephone entführt. Demeter begab sich auf die Suche nach ihr, kam dabei auch nach Eleusis und wurde freundlich aufgenommen. Als Dank dafür schenkte sie dem eleusinischen Prinzen Triptolemos als erstem Menschen die Getreideähre, deren Anbau dieser fortan lehrte. Ein Vertrag mit Göttervater Zeus gestattete Persephone schließlich für zwei Drittel des Jahres die Rückkehr auf die Erde – vom Frühherbst bis zum späten Frühjahr – die Zeit, in der in Griechenland das Getreide wächst.

So fanden in Eleusis jeweils am Herbstanfang und am Frühjahrsende mystische Zeremonien statt, die das mythologische Thema nachvollzogen. Man nimmt an, dass die Eingeweihten, die daran teilnehmen durften, glaubten, dadurch selbst

AUSSERHALB

in den Kreislauf von Tod und Wiederkehr eingebunden zu werden. Von den zahlreichen Gebäuden sind nur noch Grundmauern erhalten. Deutlich erkennbar ist noch das große Viereck des Telestérion mit seinen 42 Säulen, in dem sich die Mysterienspiele vollzogen. *Mai–Okt. tgl. 8–20, Nov.–April Di–So 8–15 Uhr | Eintritt 6 Euro | 21 km westlich der Stadt | Linienbus A16 ab Platía Eleftherías* (129 E4) (*ω H3*)

KAP SOÚNION ★ ☼ (139 F5) (*ω 0*)

Auf zum Fototermin! Der Sonnenuntergang am Kap Soúnion gehört zu den Erlebnisklassikern für Athen-Urlauber mit mehr als drei Tagen Zeit. Die Fahrt dorthin führt an den vielen Badeorten am Saronischen Golf entlang. Das Ende der attischen Halbinsel markiert dann einer der landschaftlich am schönsten gelegenen Tempel Griechenlands in 60 m Höhe über der Ägäis, der *Poseidon-Tempel*. Für davonsegelnde Schiffe war er in der Antike das letzte Zeichen der Heimat, für ankommende deren erster Gruß. Der Tempel, um 445 v. Chr. entstanden, also in derselben Zeit wie der Párthenon in Athen, war dem Meeresgott Poseidon geweiht, dem die Seeleute bei der Vorüberfahrt Bitt- und Dankopfer brachten. Mit seinen 16 teils original erhaltenen, teils wieder aufgerichteten dorischen Säulen war er Teil einer Befestigungsanlage, von der die Athener die Einfahrt in den Saronischen Golf überwachten.

Ihren Sunset Trip zu Poseidon können Sie zur langen Halbtagestour ausbauen, wenn Sie unterhalb des Tempels am *Soúnio Beach* baden gehen. *Tgl. ab 9.30 Uhr bis Sonnenuntergang | Eintritt 8 Euro | 63 km südlich | Linienbusse halbstündlich ab Áreos Park, Odós Mavromatéon 14 (5,70 Euro)* (130 A1) (*ω J1*) *| geführte Halbtagesausflüge in allen Hotels und Reisebüros buchbar*

SARONISCHER GOLF

Die Athener – und damit auch Sie – haben das Meer vor der Haustür. Und ein paar superschöne Inseln gleich dazu. Eine davon, *Ägina*, können Sie mit der Fähre als Tagesausflug auf eigene Faust von Piräus aus ansteuern – oder gleich drei auf einer ● eintägigen Kreuzfahrt mit Hoteltransfer. Bei dieser Mini Cruise stehen Ägina, *Póros* und *Ídra* (139 D4–6) (*ω 0*) auf dem Programm.

Ägina ist Griechenlands Pistazieninsel, etwa 3 Prozent der gesamten Weltproduktion werden hier geerntet. Bei der Mini Cruise legt das Schiff im Badeort *Agía Marína* an. Von dort geht es mit dem Bus hinauf zum *Aféa-Tempel* (*Mai–Sept. tgl. 8–20, Okt.–April 10.30–17.30 Uhr, Museum Mai–Sept. tgl. 9–16, Okt.–April 10.30–16 Uhr | Eintritt 8 Euro*). Der dorische Tempel aus dem 5. Jh. v. Chr. ist relativ gut erhalten, 23 Säulen ste-

SEHENSWERTES

Hier wird die Antike spürbar: Vom Poseidon-Tempel auf Kap Soúnion öffnet sich der Blick auf die Ägäis

hen aufrecht. Sein Skulpturenschmuck wurde allerdings im 19. Jh. nach München verkauft, wo er jetzt in der Glyptothek ausgestellt ist. Wer auf eigene Faust nach Ägina reist, erreicht den Tempel mit dem Linienbus vom Hafenort Ägina aus. Die Fahrt führt in etwa 30 Minuten quer über die Insel. Ansonsten lohnt für Individualisten vor allem ein Bummel durchs Städtchen. An der Uferfront liegen kleine Boote, von denen herunter Händler vom Peloponnes Obst und Gemüse verkaufen. An Ständen in der Markthalle können Sie frischen Fisch kaufen und ihn sich gleich in der Markttaverne **INSIDER TIPP** *Agorá* (€€) grillen lassen. Danach bleibt vielleicht noch Zeit für eine Stadtrundfahrt in einer der Pferdekutschen, die direkt am Fähranleger auf Kundschaft warten. In *Póros* macht der Mini Cruiser direkt am Kai des Inselstädtchens fest. Da bummeln Sie am besten einmal die Uferfront entlang und setzen sich dann in eins der vielen Strandcafés, um zum Peloponnes hinüberzublicken, der von hier knapp 300 m entfernt ist. In *Ídra (Hydra)* liegt Ihr Mini Cruiser in einem der schönsten Häfen Griechenlands. Das kleine Hafenbecken wird von prachtvollen Kapitänshäusern aus dem 18./19. Jh. gesäumt. Hunderte von Katzen bevölkern den Ort, am Kai warten Esel und Maultiere auf Lasten, denn Ídra ist autofrei. Früher besaß hier Leonard Cohen ein Haus, heute tummelt sich auf Ídra der Jetset, Luxusyachten liegen im Hafen oder draußen auf Reede. Buchung von Tageskreuzfahrten in allen Hotels und Reisebüros. Fähren nach Ägina etwa stündlich ab *Piräus, Platía Karaiskáki* **(136 C2)** *(ൕ 0)*. Die Schiffe verkehren in dichtem Abstand zwischen 7 und 21 Uhr; Tickets gibt es an den Fahrkartenschaltern am Anleger. *Kosten für Metro, Überfahrt, Inselbus ca. 30 Euro*

ESSEN & TRINKEN

Für die Griechen ist das Essengehen am Abend vor allem eine gesellige Angelegenheit. Das Zusammensein mit Freunden, mit der Familie, die *paréa,* d. h. die Tischgemeinschaft, ist ihnen mindestens so wichtig wie das Essen selbst.

Auswahl gibt es genug. Jedes Stadtviertel hat seine eigenen Tavernen, in denen meist erst ab etwa 21 Uhr richtig was los ist. Besonders zahlreich sind die Speiselokale im Altstadtviertel Pláka, in das es abends auch die meisten Urlauber zieht. Im benachbarten Viertel Psirrí hingegen sind die Athener bisher noch fast unter sich.

Wer nicht immer groß essen gehen, sondern sich mit Kleinigkeiten begnügen will, findet zahlreiche traditionelle Grillimbisse und internationale Hamburger-Restaurants, die sich bei den Athenern großer Beliebtheit erfreuen. Selbst in bester Lage verlangen sie nur die üblichen Preise.

Vor allem in der Pláka sind neue, urgemütliche **Cafés** entstanden, die besonders von Studenten, Künstlern und Intellektuellen besucht werden; in den Fußgängerzonen erinnern die Straßencafés an die Boulevards und Plätze anderer südeuropäischer Städte. Daneben findet man *sacharoplastía,* **Konditoreien** mit einem großen Angebot an griechischen, meist sehr süßen Backwaren, und Rock-Cafés, in denen sich junge Leute bei internationaler Musik treffen.

Griechische **Kaffeehäuser** sind der Treffpunkt der Männerwelt. Verzehrzwang gibt es nicht. So sieht man häufig volle

Bild: Souvláki

Athen jenseits von Gýros und Souvláki: Von Kellertaverne bis Gipfelrestaurant gibt es viele Möglichkeiten, griechisch zu speisen

kafenía, doch getrunken wird kaum etwas. Man sitzt beieinander, um über Gott und die Welt, vor allem aber über griechische Politik zu reden, um *távli,* ein dem Backgammon ähnliches Brettspiel, oder Karten zu spielen. In vielen *kafenía* gibt es dafür spezielle Spieltische, die mit grünem Filz bespannt sind.

Wer Kaffee bestellt, muss immer sagen, wie er ihn wünscht. Die meisten Einheimischen trinken griechischen Kaffee, einen Mokka, bei dem das Wasser zusammen mit dem Kaffeepulver und dem Zucker aufgekocht wird. *Kafé ellinikó* gibt es in vielen Variationen: *skétto,* ohne Zucker; *métrio,* mit etwas Zucker; *glikó,* mit viel Zucker; *dipló,* als doppelte Portion. Neben *kafé ellinikó* ist auch löslicher Kaffee in allen *kafenía* erhältlich. Man bestellt ihn grundsätzlich als *neskafé* und sagt auch hier dazu den gewünschten Süßegrad. Außerdem ist zu unterscheiden zwischen *nescafé sestó,* heißem, und *frappé,* kaltem Instantkaffee. Vor allem bei jüngeren Leuten beliebt sind inzwischen zwei weitere Varianten des eis-

Überall in den Gassen um den Monastiráki-Platz findet man Cafés für eine Pause

gekühlten Cafés: der *Freddo Espresso* und der *Freddo Cappuccino*. Auch hier müssen Sie den Süßegrad angeben.

Der Anisschnaps Ouzo ist ein griechisches Nationalgetränk. Sie bekommen ihn überall. Einige tavernenähnliche Lokale, die **Ouzerien**, haben sich aber auch auf Gäste spezialisiert, die größere Mengen Ouzo und dazu viele schmackhafte Kleinigkeiten genießen wollen. Man bestellt den Ouzo hier flaschen- oder karaffenweise und lässt sich vom Kellner *mesédes* bringen. Das können je nach Jahreszeit gegrillter Oktopus oder Pilze, Schnecken oder Bohnen und vieles mehr sein. Wie eine Ouzerí funktioniert auch das **tsipourádiko,** nur das man dort statt Ouzo bevorzugt den kretischen, auch *rakí* genannten Tresterschnaps *tsípouro* trinkt.

Echt griechische **Tavernen** sind fast immer einfach. Ein Plastiktuch oder bestenfalls ein sehr einfaches Stofftuch bedeckt die Tische. Der Kellner bringt unaufgefordert einen Korb mit Weißbrot, kleinen Papierservietten und billigen Bestecken und nimmt die Bestellung auf. Die Gäste haben vielleicht schon vorher in der Küche in die Töpfe oder am Warmhaltetresen auf die Backbleche geschaut, um zu wissen, was es gibt. Zusätzlich wird der Kellner noch einmal nach seinen Empfehlungen befragt. Speisekarten nimmt ein Grieche fast nie in die Hand. Für Ausländer gibt es sie natürlich – meist zumindest mit einer englischen Übersetzung.

Außer einfachen Tavernen gibt es natürlich auch **Restaurants** verschiedener Kategorien. Hier sind die Tische meist mit Stofftischdecken gedeckt, das Besteck ist edler, manchmal stehen sogar Kerzen auf dem Tisch. Neben griechischen werden hier üblicherweise auch internationale Gerichte serviert. Immer mehr Lokale bieten gepflegte Weine aus exzellenten kleinen Kellereien des Landes an. Oft steht frischer Fisch auf der Karte. Er wird meistens nach Gewicht berechnet – der Kilopreis liegt zwischen 40 und 80 Euro. Schauen Sie beim Auswiegen mit auf die Waage!

ESSEN & TRINKEN

CAFÉS

INSIDER TIPP ▶ A FOR ATHENS ☼
(126 C2) (*øı H4*)

Die Cafébar auf der Dachterrasse des gleichnamigen Hotels bietet einen erstklassigen Blick auf die Akrópolis und über das Häusermeer Athens. Vor allem bei schönem Wetter lohnt sich der Besuch. Hier trifft sich Athens Jugend tagsüber auf einen Kaffee und abends zum Cocktail. *Tgl. ab 11 Uhr | Miaoúli 2–4 | Monastiráki*

HANS & GRETEL ★ (126 C3) (*øı H4*)

Walt Disney und die Brüder Grimm standen Pate für das Design des ungewöhnlichsten Eissalons Athens. Statt Waffeln werden hier pausenlos dicke Röhrchen aus einer Art Pfannkuchenteig gerollt und gebacken, dann mit Eis und allerlei anderem ganz nach Wahl gefüllt. Chimney Cakes nennt sich dieser Hochgenuss. Für Kinder gibt's drinnen eine Märchenhöhle, ansonsten sitzt man vor dem Lokal auf Hockern und lässt sein Eis von Passanten bestaunen. *Tgl. ab 10 Uhr | Odós Adrianoú 48 | Monastráki | www.hansandgretel.gr*

INSIDER TIPP ▶ MELÍNA
(127 D4) (*øı J4*)

Was fürs Herz! In dem klitzekleinen Café erinnert alles an die 1994 gestorbene Melina Mercouri, die als Schauspielerin, Sängerin und sogar noch Kulturministerin der Schwarm ganz Griechenlands war. Draußen sitzen Sie auf einer romantischen Gasse. Drinnen zwischen künstlichen Blumen, Nippesfiguren, Kerzen und Bildern, hören dazu dezente klassische und griechische Musik. Sie können auch Flaschenweine und Käseplatten bestellen oder gemischte Vorspeisenplatten für zwei zum Ouzo. *Tgl. ab 12 Uhr | Odós Lisíou 22 | Pláka*

PÉROS (130 B5) (*øı K4*)

Ein Café als Treffpunkt von Künstlern, Geschäftsleuten und der High Society – auch im Winter zum Draußensitzen. Die Kuchen stammen alle aus eigener Herstellung. Besonders lecker: das mit einer Art Milchcreme gefüllte Blätterteigteilchen *galaktoboúreko*. *Tgl. rund um die Uhr | Kolonáki-Platz 19–20*

INSIDER TIPP ▶ VRYSSÁKI ☼
(126 C3) (*øı H4*)

Das Café auf der Dachterrasse eines neoklassizistischen Hauses liegt direkt hinter der Römischen Agorá. Von einigen Tischen hat man einen schönen Blick auf die ganz nahe Akrópolis. Abends werden hier auch Theater- und Tanzvorstellungen gezeigt, und immer wieder gibt es Festivals mit ausgefallenen Filmen in Originalsprache. Bekannte und unbekannte Maler stellen drinnen ihre Werke aus. *Tgl. ab 11 Uhr | Vryssakíou 17 | Pláka | www.artfix.gr/en/vryssaki*

MARCO POLO HIGHLIGHTS

★ **To Kafenío**
Jamie Oliver war ganz begeistert
→ S. 69

★ **Hans and Gretel**
Wetten dass … Sie so noch nie Eis gegessen haben? → S. 65

★ **O Thanásis**
Souvláki und Kebab in echter Marktatmosphäre → S. 71

★ **Scholarcheion**
Tablett statt Speisekarte und All-inclusive Preise → S. 71

★ **Nolan**
Erschwingliche Fusion Cuisine vom Allerfeinsten → S. 69

65

RESTAURANTS €€€

RESTAURANTS €€€

INSIDER TIPP ▶ ÁVALON (126 B2) (*H3*)
Elegantes Outfit, griechische Rockmusik, frische Muscheln in vielen Variationen und handgeschnitzte Pommes frites gehen in diesem Bar-Restaurant eine gelungene Symbiose ein. Auch nach dem Clubben schneit noch Partyvolk rein. *Tgl. 9–14 Uhr, Aug. geschl. | Odós Leokoríou 20 | Psirrí | Tel. 21 14 09 35 78*

CÍBUS (134 B1) (*K5*)
Das Restaurant im Park neben dem klassizistischen Záppion bietet leichte, kreativ-mediterrane Küche mit Blick auf die Akrópolis. Hier speist viel Prominenz. Besonders empfehlenswert sind unter anderem die Muscheln mit *fétta*-Käse und Safran, der gegrillte Oktopus oder auch das Rinderfilet in Oregano-Zitronensauce. Herrliche Terrasse. *Tgl. ab 13 Uhr | Leofóros Vasilíssis Ólgas | Tel.*

LIEBLINGS(ADR)ESSEN

Sündhaft süß und lecker
Wenn schon, denn schon: Bestellen Sie im *Ta Serbétia tou Psirrí* **(126 C2)** (*H3*) *(So–Do 10–2, Fr/Sa 10–4 Uhr | Odós Aischylou 3 | Psirrí | www.serbetia.gr)* am besten gleich die *pikilía*: eine Platte mit vier bis fünf verschiedenen Kuchen und Torten aus Griechenland, dem Orient und dem Rest der Welt. Der Berg Eis in der Mitte ist eine griechische Spezialität: Fürs Aroma sorgt das Harz des Mastix-Strauchs. Zu viel des Hüftgolds? Dann begnügen Sie sich doch mit dem „Love Cake", einem Schokokuchen mit warmem Pralinésirup, oder kosten Sie den Lieblingskuchen der Griechen: den Walnusskuchen *karidópitta*.

Nostalgie für Gourmets
Mag sein, dass Sie sich im *Anthémion* **(126 C1)** (*H3*) *(Di–So 14–24 Uhr | Odós Agíou Dimítriou 13 | Psirrí | Tel. 21 03 31 13 79 | www.anthemioncuisine.gr | €€€)* wie auf Besuch bei Ihrer reichen Erbtante fühlen. Das Haus mit seinen schönen Deckenmalereien stammt von 1890, Einrichtung und Gläser scheinen auch nicht viel jünger zu sein. Der Service hat Stil, alle Diättrends sind an der Speisekarte spurlos vorübergegangen. Zu guten Weinen und edlen Bränden bestellt man diverse, stets frische Tagesgerichte oder ungewöhnliche Kleinigkeiten wie gefüllte Scampi, Rochen in Weißwein-, Rinderzunge in Pfeffer- oder Lachs in Honig-Brandy-Sauce.

Ameise und Zikade
Keine Angst – auf der Speisekarte stehen diese Insekten nicht. Das *Tzítzikas ke Mermígas* **(127 E3)** (*J4*) *(Mo–Sa 12–1 Uhr | Odós Mitropóleos 12–14 | Syntágma | Tel. 21 03 24 76 07 | €€)* will mit seinem Namen auf seine Kundschaft anspielen: Ameisenfleißige Geschäftsleute sollen hier wie eine nur für den Gesang lebende Zikade bei bestem Essen preiswert entspannen. Der Service ist schnell und superfreundlich, ein Gläschen Tresterschnaps und Oliven gibt's zur Begrüßung. Alle Speisen kommen schnell auf den Tisch und verwöhnen den Gaumen mit teilweise ungewöhnlichen Geschmackskombinationen. Super sind etwa die Sepia auf Spinat-Risotto oder das Platterbsenpüree *fáva* mit kretischem Kassler. Als Salat passt dazu das kretische Blattgemüse *stamnagáthi*.

ESSEN & TRINKEN

21 03 36 93 64 | www.aeglizappiou.gr/estiatorio.html

EAT AT MILTON'S (127 D3) (*m J4*)
Hier sitzt man einfach schön an einer der belebtesten Fußgängerkreuzungen im Altstadtviertel Pláka – und das auch schon zum Frühstück à la carte. Das Interieur ist ganz modern gestylt, die elegante Tischkultur hebt sich stark von der der meisten Lokale hier in der Pláka ab, und die Speisekarte ist ganz international geprägt. Trotz des gehobenen Niveaus geht es angenehm leger zu. *Tgl. ab 9 Uhr | Odós Adrianoú 91 | Tel. 21 03 24 91 29*

FUNKY GOURMET (129 D4) (*m G3*)
Lust auf kreative Küche mit regionalen und natürlich stets frischen Zutaten? Dieses Zwei-Sterne-Restaurant setzt darauf. Nach dem Cocktail in der Art-déco-Lounge nehmen die maximal nur 30 Gäste im ersten Stock der klassizistischen Villa zwischen viel moderner Kunst Platz und bestellen zumeist das siebengängige Degustationsmenü für 145 Euro (mit begleitenden Getränken ab 230 Euro) – pro Person, versteht sich. *Di–Sa ab 19.30 Uhr, Aug.–Mitte Sept. geschl. | Odós Paramíthias 13 | Kerameikós | Tel. 21 05 24 27 27 | www.funkygourmet.com*

INSIDER TIPP GAKU (127 E3) (*m J4*)
Athens wohl bester Japaner ist endlich auch in der Pláka vertreten. Sushi und noch viel mehr begeistert in diesem stylishen Bistro auch die Touristen aus Tokio – und wer das hausgemachte Mochis als Dessert bestellt, dessen Gaumen entdeckt völlig neue Eiswelten. *Tgl. 12.30–0.30 Uhr | Odós Apóllonos 2 | Pláka | Tel. 21 03 23 09 70*

PASAJI ● (127 F2) (*m J4*)
Es regnet oder die Sonne brennt? Athens eleganteste Passage ist immer ange-

Straßencafé unterm Glasdach: Das Pasaji ist ein Passagencafé

nehm temperiert. Und im Pasaji sitzen Sie wie in einem Straßencafé. Hier ist immer viel los. Mittags kommen viele Geschäftsleute, abends Theaterbesucher. Die Küche ist kreativ griechisch, am besten bestellt man montags bis freitags eins der beiden Tagesmenüs für 18 oder 26 Euro. Und abends darf's vielleicht auch einer der Signature Cocktails von Barchef John Samarás sein? *Mo–Sa 10–1.30, So 13–21 Uhr | Stoá Spirómilou (im Attica-Kaufhaus) | Tel. 21 03 22 07 14 | www.pasjiathens.gr*

INSIDER TIPP PSARÁS (127 D4) (*m J4*)
Romantischer können Sie in der Pláka kaum sitzen: zwischen alten Häusern an einer Kreuzung zweier autofreier, wenig

RESTAURANTS €€

SPEZIALITÄTEN

békri mezé – Schweinegulasch, meist im Tontopf geschmort
briám – eine Art Ratatouille mit viel Auberginen
choriátiki saláta – griechischer Bauernsalat mit Tomaten, Gurken, Zwiebeln, Oliven und anderen Salaten der Saison, darüber eine Scheibe Ziegen- und/oder Schafskäse *(fétta)* (Foto li.)
chtapódi ksidáto – Salat aus in Essig und Öl eingelegten Kraken
dolmádes – mit Reis, Kräutern und oft auch Hackfleisch gefüllte Weinblätter, in einer Ei-Zitronen-Sauce serviert
jouvétsi – Nudeln, die Reis ähnlich sehen, überbacken, mit Rind- oder Lammfleisch
kakaviá – die griechische Form der Fischsuppe. Der in der Brühe gekochte Fisch wird nicht in der Suppe, sondern auf einem separaten Teller serviert
kléftiko – mit Kartoffeln und Kräutern geschmortes Lamm- oder Ziegenfleisch

marídes – knusprig ausgebackene Sardellen, die man mit Haut und Gräten, Kopf und Schwanz verzehrt
moussakás – Auflauf aus Auberginen oder Zucchini, Kartoffeln, Hackfleisch und Bechamelsauce (Foto re.)
pastítsjo – Nudelauflauf mit Hackfleisch und Bechamelsauce
revithókeftédes – Reibekuchen aus Kichererbsenmehl
skordaljá – Knoblauchcreme auf der Basis von püriertem Weißbrot: Vorspeise oder Beilage zu Fisch oder Schwein
spanakópitta – mit Spinat gefüllte Blätterteigtaschen
spetsofaí – Bauernwürste, in einer ölreichen Tomatensauce zusammen mit vielen grünen Paprika gekocht
stifádo – Rinds- oder Kaninchengulasch mit Gemüsezwiebeln in einer oft mit Zimt verfeinerten Tomatensauce
souvláki – ein Spieß aus Schweine- oder Lammfleisch

begangener Altstadtgassen gleich unterm Anafiótika-Viertel und der Akrópolis. Und frischen Fisch und Meeresfrüchte bekommen Sie in der City auch nirgends besser. *Tgl. ab 12 Uhr | Odós Erechtéos 16 / Odós Erotokrítou | Tel. 21 03 21 87 33*

RESTAURANTS €€

DIOSKOÚRI ☼ (126 C4) (*m* H4)
Von Stadt keine Spur: In dieser Ouzerí sitzen Sie am Rand der Pláka mit freiem Blick auf antike Agorá und Akrópolis

ESSEN & TRINKEN

weitab allen Straßenlärms ganz beschaulich. *Tgl. ab 12 Uhr | Odós Dioskoúri | Pláka*

K8POINT (129 E5) (*H4*)
In den ehemaligen Pferdeställen König Ottos wird dem Street Food gehuldigt: Sandwiches, Burger, Falafel, auch vegetarische Souvlákia. Abends gibt es häufig Livemusik verschiedener Stilrichtungen. *Mi–Fr 18–3, Sa/So 12–3 Uhr | 119 Odós Ermoú | Thissío | Tel. 21 03 31 54 07 | www.k8point.gr*

KLIMATARIÁ (129 E4) (*H3*)
Auf einer von Weinlaub überrankten Terrasse sitzen die Gäste der schon 1927 gegründeten Taverne zwischen Weinfässern, wählen ihre Gerichte in der Küche aus, genießen das selbst gebackene Brot und die Vielzahl der unterschiedlich gefüllten Strudelteigtaschen *píttes*. Nach 22 Uhr erklingt oft griechische Livemusik (Musikzuschlag 4 Euro). *Tgl. 12–2 Uhr | Platía Theátrou 2 | Agorá | Tel. 21 03 21 66 29 | www.klimataria.gr*

NOLAN ★ (127 E3) (*J4*)
Mit Fusion Cuisine lockt das moderne kleine Lokal mit Spitzenküche. Kabeljau-Burger, Entenkeule mit sauer eingelegten Maronen oder grüne Bohnen mit Leber, Orange und Birne weisen die ungewöhnliche Richtung. *Di–So ab 13 Uhr | Odós Voúlis 31–33/Odós Apóllonos | Pláka | Tel. 21 03 24 35 45*

T.G.I. FRIDAY'S (130 B5) (*K4*)
Die große amerikanische Restaurantkette bietet eine umfangreiche Speisekarte (von Salaten über Pasta bis zu Steaks), gute Qualität sowie exzellente Smoothies, Cocktails und Longdrinks. *Mo–Fr ab 13, Sa/So ab 12 Uhr | Odós Neofítou Vámva 2 | Kolonáki | Tel. 21 07 22 77 21 | www.fridays.gr*

TO KAFENÍO ★ (127 D4) (*J4*)
Kleines, sehr gemütliches Mezedopolío, im Sommer auch einige Tische auf der Gasse davor. Getränkespezialitäten wie der Zimtlikör *tentúra* oder *rakómelo*, Tresterschnaps mit Ouzo von der Insel Amorgós. Interessante kleine Gerichte wie Käse von der Insel Chíos. Starkoch Jamie Oliver ließ sich hier zu eigenen Mezédes-Kreationen inspirieren. *Tgl. 10–1 Uhr | Odós Epichármou 1 | Pláka | www.tokafeneio.gr*

Früher Abend an der antiken Agorá: Noch findet man Platz in den Restaurants …

RESTAURANTS €

Delikatessen zu Füßen der "hohen Stadt": die Kafetéria des Akrópolis-Museums

INSIDER TIPP ▶ TO STÉKI TOU ILÍA
(129 D5) (*M* G4)

Die besten gegrillten Lammkoteletts der ganzen Stadt bestellt man hier nach Gewicht: 400 g pro Person reichen für den Durchschnittsappetit. Dazu gibt es gute Pommes frites und Salate sowie Wein vom Fass. *Mo–Sa ab 18 Uhr | Odós Eptachálkou 5 | Thissío*

RESTAURANTS €

DIPORTO ● (129 E4) (*M* H3)

Aus den Fässern an der Wand dieser Kellertaverne im Marktviertel kommt der Wein auf den Tisch, aus der Küche bringen die Kellner eins von täglich fünf oder sechs marktfrischen Gerichten. Eine Speisekarte gibt es nicht, Englischkenntnisse dürfen Sie nicht erwarten. An den nur acht Tischen sitzen Gäste jeden Standes beisammen, Schlichtheit und Kommunikation sind hier Trumpf. *Mo–Sa 8–19 Uhr | Odós Sokrátous 9/Odós Theátrou | Agorá*

INSIDER TIPP ▶ KAFETÉRIA IM AKRÓPOLIS-MUSEUM ●
(127 D6) (*M* J5)

Modern und stilvoll offeriert die Kafetéria zu äußerst günstigen Preisen flüssige und feste Spezialitäten aus vielen Teilen Griechenlands, wie geräucherten Käse von Mykonos mit Melone, eine griechische Käseplatte mit frischem Obst, eine Kaltschale mit Gurke, Joghurt und frischer Minze, den Zimt-Nelken-Likör Tentúra oder die Kirschlimonade Vissináda. *Während der Museumsöffnungszeiten | Odós Dionissíou Areopagítou 15*

KOSMIKÓN (127 E5) (*M* J4–5)

Das kleine, einfache Restaurant und seine Terrasse liegen direkt an einer der lebhaftesten Fußgängergassen-Kreuzungen der Altstadt. Beim griechischen Essen flaniert ein Publikum aus aller Welt an den Tischen vorbei. Der Service ist gut und schnell, die Speisen guter Durchschnitt. *Tgl. ab 9 Uhr | Odós Kidathinéon/Odós Adrianoú | Pláka*

ESSEN & TRINKEN

INSIDER TIPP LOUKOÚMI
(126 B2) (*H4*)
Gute Burger mit hausgemachten Pommes. Interessant ist die Variation der sonst süßen *loukoumádes* (eine Art in Öl frittierter Krapfen), hier mit Käsefüllung und Tomatenmarmelade. Abends gibt es eine große Auswahl an Cocktails. Auf der ☀ Dachterrasse wird das mit Akropolis-Sicht kombiniert. Häufig Live-DJ-Sets und Bar-Theater. *Tgl. ab 10 Uhr | Platía Avissinías 3 | Monastiráki | Tel. 21 02 32 48 14*

NÉON (129 F3) (*J2*)
In einer Fußgängergasse gleich hinter der Häuserfront am Omónia-Platz bietet das Restaurant vor allem mittags exzellente griechische Tavernenkost. Die Auswahl am Warmhaltetresen ist riesig, Gegrilltes wird vom dazugehörigen Restaurant schräg gegenüber geliefert. *Tgl. ab 10 Uhr | Odós Satovriándou 6/7*

O DAMÍGOS (127 E4) (*J5*)
Urige Kellertaverne mit Wein vom Fass. Spezialität: frittierter Stockfisch *(bakaljáro)* mit Knoblauchpüree *(skordaljá)*. *Mo–Fr ab 18 Uhr, Sa/So auch 12–16 Uhr, Juli u. Aug. geschl. | Odós Kidathinéon 41 | Pláka*

INSIDER TIPP O PLÁTANOS
(127 D3) (*J4*)
Über 70 Jahre alte Taverne an einem kleinen, sehr versteckt gelegenen Platz inmitten der Altstadt. Große Auswahl an gekochten, traditionellen griechischen Gerichten, im Sommer Tische und Stühle unter einer großen Platane. *April–Okt. tgl. 12–16.30, Mo–Sa auch ab 19.30 Uhr | Odós Diogénous 4 | Pláka*

O THANÁSIS ★ ● (126 C3) (*H4*)
Drei Tavernen gleichen Stils grenzen fast unmittelbar an den lebhaften Monastiráki-Platz. Alle drei sind seit vielen Jahrzehnten auf Souvláki und Hackfleisch-Kebab spezialisiert. Mittags muss man manchmal auf einen frei werdenden Tisch warten, so beliebt sind die Lokale vor allem bei den Athenern. Doch noch viel wichtiger ist die Atmosphäre dieser Straßenlokale: Ambulante Händler bieten an den Tischen ihre Waren an, ambulante Musiker sorgen oft für Tischmusik. *Tgl. ab 10 Uhr | Odós Mitropóleos 69/ Monastiráki-Platz*

SCHOLARCHEION ★ (127 D4) (*J4*)
Ouzerí auf zwei Etagen in einem klassizistischen Haus im Herzen der Altstadt. Der Kellner kommt nach und nach mit Tabletts voller unterschiedlicher Spezialitäten an den Tisch, aus denen Sie auswählen können. Kommen Sie zu zweit, können Sie sich zum Festpreis von 15 Euro pro Person fünf verschiedene Gerichte auf den Tisch stellen lassen, dazu ein Getränk und ein Dessert. Die schönsten Plätze sind die beiden Balkons mit je nur einem kleinen Tisch. *Tgl. ab 11 Uhr | Odós Tripódon 14 | Pláka | Tel. 21 03 24 76 05 | www.scholarhio.gr*

LOW BUDGET

Kostengünstig, schnell und gut essen Sie im Selbstbedienungsrestaurant im obersten Geschoss des Kaufhauses *Hondós Center* **(129 F3)** (*J2*) am Omónia-Platz.

Ein Gýros im Pítta-Brot ist auch in Athen die billigste landestypische Art, satt zu werden. Nur drei Häuserblocks vom Síntagma-Platz entfernt zahlen Sie in der alteingesessenen Gýros-Bude *Kóstas* **(127 E3)** (*J4*) *(Odós Pentélis 5)* gerade mal 2 Euro für diesen urgriechischen Snack.

Greek
EINKAUFEN

CITY WOHIN ZUERST?

Das Einkaufsviertel des Durchschnittsatheners ist das **Emborikó Trígono**, das „Handelsdreieck" zwischen Síntagma, Omónia und Monastiráki. An der **Odós Athínas** zwischen Omónia und Monastiráki liegen die Markthallen für Fisch und Fleisch sowie der Obst- und Gemüsemarkt. Teure Labels und Schmuck gibt es in **Kolonáki** zwischen Síntagma und Likavittós. Billige Schuhe, Jeans und Freizeitkleidung bietet die **Odós Iféstou** zwischen Monastiráki und Thissío. Touristische Bedürfnisse erfüllen die Souvenirgeschäfte der **Pláka**.

In Athen macht das Einkaufen Spaß. Nicht Kaufhäuser und Filialisten bestimmen das Bild, sondern Tausende kleiner Einzelhändler, darunter auch relativ viele, die ihre Produkte noch selbst entwerfen oder gar herstellen. Von der fetzigen griechischen Designermode bis zu moderner Kunst, von Trödel bis zu ausgefallener Schuhmode ist alles zu haben.

Das Shoppingangebot ist riesig. Auf einem weitläufigen Areal zwischen Omónia-Platz und Akrópolis, zwischen Thissío und Likavittós drängen sich die Läden dicht an dicht. Viele Fußgängerzonen sind entstanden, Cafés und Restaurants immer wieder eingestreut. Stellenweise ist auch noch das frühere mittelalterliche und orientalische Basarsystem erkennbar, bei dem Läden mit gleichem Ange-

Bild: Einrichtungsgeschäft in der Pláka

Made in Greece – Athen ist keine internationale Einkaufsmetropole, doch es lassen sich originelle Mitbringsel finden

bot die Nähe zueinander suchen. Das erspart unnütze Wege und garantiert ein breit gefächertes Sortiment.

Die Hauptflaniermeile fürs Shopping ist die breite Fußgängerstraße *Odós Ermoú* **(126–127 A2–F3)** *([🛇] G–J4)*, die Síntagma und Monastiráki miteinander verbindet. Interessante Fußgängerstraßen für den Einkauf sind auch die Odós Evangelístrias und die Odós Agíou Márkou. Schön sind ebenfalls die alten, jetzt teilweise renovierten Einkaufspassagen in den großen Häuserblocks zwischen den beiden Boulevards Panepistimíou und Stadíou **(130 A4–5)** *([🛇] J3–4)*, auf Griechisch *stoá* genannt. Voller Leben zeigen sich der Flohmarkt und die Markthallen. Eine recht neue Einkaufsgegend für Leder, Schuhe und Antiquitäten ist das alte Industrieviertel *Psirrí* **(126 B1–2)** *([🛇] G–H3)*.

Neben diesen Einkaufsvierteln für jeden Geldbeutel gibt es auch in Athen ein vornehmeres Geschäftsviertel mit besonders exklusiven Boutiquen und Läden. Es ist vom Síntagma-Platz nur wenige Schrit-

ANTIQUITÄTEN & TRÖDEL

te entfernt, nennt sich *Kolonáki* (130 B–C5) (*K–L 3–4*) und erstreckt sich von diesem Platz bis an den Hang des Likavittós. Hier, in der Voukourestíou, der Sína-, Skoufá-, Kanári- und der Tsakálof-Straße

Fashion vom Feinsten: Luxus im Kolonáki-Viertel

trifft sich die Athener Gesellschaft auch in Kunstgalerien, hier kaufen betuchte Athener vorwiegend italienische und französische, aber auch griechische Designermode, hier finden sich einige der teuersten Juweliere der Stadt.
Kaufhäuser im mitteleuropäischen Sinn gibt es kaum. Dafür aber ein Luxuskaufhaus, das sich mit Harrod's und den Galeries Lafayette durchaus messen kann: das *Attica* nahe dem Síntagma-Platz. *Souvenirgeschäfte tgl. 9–22 Uhr, andere Geschäfte Mo, Mi, Sa ca. 8–15 Uhr, Di, Do, Fr 8.30–14 u. 17–20 Uhr, wenn nicht anders angegeben*

ANTIQUITÄTEN & TRÖDEL

INSIDER TIPP AMORGÓS
(127 E4) (*J4*)
Trödel und Altwaren wie auf dem Flohmarkt. Besonders empfehlenswert: die alten Schattenspielfiguren und Stickereien. *Odós Kódrou 3 | Pláka*

ELLINIKÓ SPÍTI (127 E4) (*J4*)
Dimítris Kouteliéris kreiert fantasievoll Möbel und kleine Einrichtungsobjekte, Spiegel und Bilderrahmen aus Fundstücken, die er auf Schiffsfriedhöfen und an Stränden selbst gesammelt hat. *Odós Kékropos 14 | Pláka*

BÜCHER

DEUTSCHE BUCHHANDLUNGEN
Eine große Auswahl an deutschen Büchern, darunter auch die INSIDER TIPP Texte der Theaterstücke, die während der Festspiele von Athen und Epidaurus aufgeführt werden, gibt es in den deutschen Buchhandlungen *Konstantinopoulou-Loeb* (130 A5) (*K3*) (*Odós Omírou 4 | Stadíou 10*) und *Notos* (130 A5) (*K3*) (*Odós Omírou 15*).

FLOHMARKT

Am Sonntagmorgen ist ★ ● *Flohmarkt* (126 B–C 2–3) (*H4*). Im Schatten der Akrópolis breiten zahlreiche Händler zwischen der Ermoú-Straße, dem Monastiráki-Platz und dem Thissío-Platz sowie entlang der Áreos-Straße ihre Waren aus.

JUWELIERE & SCHMUCK

In Athen gibt es mehr als 3000 Schmuckgeschäfte und Juweliere. Die vornehmsten Geschäfte konzentrieren sich aufs Kolonáki-Viertel und insbesondere auf die Odós Voukourestíou (128 A–B5)

EINKAUFEN

(M K3–4). Dagegen sind die Schmuckgeschäfte in der Odós Pandróssou **(126–127 C–D3)** *(M H–J4)* in der Nähe des Monastiráki-Platzes stärker auf Urlauber ausgerichtet. Die einfachen Athener kaufen Schmuck in der Odós Lékka **(127 E2)** *(M J4)*, einer Seitenstraße der Odós Ermoú.

INSIDER TIPP B612 **(126 C2)** *(M H4)*
Handgemachte Ohrringe, Armbänder und Haarklammern. Als Material wird vielfach auch Recyceltes benutzt, etwa Kronkorken von Bierflaschen. Weiterhin gibt es Dekoratives fürs Haus und Accessoires, die junge Athenerinnen kreiert haben. In vielen Fällen wirbt die jeweilige Herstellerin mit „Made in Athens". Auch Männer werden hier fündig, wenn sie etwa einen Schlüsselanhänger suchen. *Di, Do, Fr 12–21, Mi, Sa 12–17, So 14–19 Uhr | Odós Karaiskáki 35 | Psirrí*

LALAOÚNIS **(130 B5)** *(M K4)*
Griechenlands bekanntester Juwelier ist leider auch der teuerste. *Odós Voukourestíou 12/Odós Panepistímiou 6 | www.lalaounis.gr*

PETRA NOVA **(130 B5)** *(M K4)*
Ein noch nicht so bekannter Juwelier, der mit seinen zum Teil recht ungewöhnlichen Kreationen auffällt. Sie wirken nicht ganz so protzig wie sonst in Hellas meist üblich. *Odós Voukourestíou 19 | Kolonáki*

KAUFHÄUSER & ARKADEN

ATTICA ★ **(130 A5)** *(M J4)*
Alle namhaften Labels dieser Welt für Mode und Textilien, Haushaltswaren, Schuhe, Geschenkartikel und vieles mehr auf acht Etagen eines Prachtbaus aus dem Jahre 1926. VIP-Räume für privates Shopping, Lieferung von Bestellungen ins Hotel, trendiges Bar-Restaurant im Obergeschoss. *Odós Panepistímiou 9 | www.atticadps.gr*

HONDÓS CENTER **(129 F3)** *(M H2)*
Auf zehn Etagen findet man alles, was man in einem preisgünstigen Kaufhaus erwartet. *Platía Omónia 4 | www.hondoscenter.gr*

THE MALL ● **(139 E3)** *(M 0)*
Athens größtes Einkaufszentrum bietet fast 150 verschiedene Geschäfte unter einem Dach. Auf 14 Leinwänden spielen die neuesten Filme, auf 14 Bahnen kann Bowling gespielt werden. *Mo–Fr 10–21, Sa 9–20 Uhr, Lokale und Kinos bis 2 Uhr | Maroúsi | www.themallathens.gr | Metro Neratziótissa*

STOÁ SPIROMÍLOU ● **(130 A5)** *(M J4)*
Eine der typischen Einkaufspassagen Athens mit Läden u. a. von Cartier, Hermès und Salvatore Ferragamo. *Häuserblock zwischen Panepistímiou, Amerikís, Stadíou und Voukourestíou*

MARCO POLO HIGHLIGHTS

★ **Flohmarkt**
Jeden Sonntagmorgen Trödelkram und Kurioses → S. 74

★ **Attica**
Athens exklusivstes Edelkaufhaus → S. 75

★ **Dexípos**
Hier gibt's Antikes, das bisher noch nicht gefunden wurde. Spannend, lustig! → S. 76

★ **Remember now**
Shoppen wie die Scorpions oder Iron Maiden – tragbare Kunst! → S. 78

KUNST & DESIGN

KUNST & DESIGN

ANAMNESIA (127 D4) (*J4*)
Schön, unverwechselbar griechisch und sehr preiswert soll das Mitbringsel sein? Hier finden sie Kissenbezüge, Kaffeebecher, Schürzen, Taschen, Platzdecken, Kühlschrankmagneten und anderen Kleinkram mit modern interpretierten Motiven wie Eseln und Fischen, Booten, Säulen und Kraken. *Odós Adrianoú 99 | Pláka | www.anamnesia.gr*

FORGET ME NOT ATHENS (127 E4) (*J4*)
Über 100 zumeist junge griechische Designer nutzen das Studio als Forum und stellen hier ihre Produkte vor: Vom T-Shirt bis zu Schmuck und Kissenbezügen, von Handtaschen bis zu Handyhüllen und Kaffeebechern. Da lässt sich leicht so manches Mitbringsel finden. *Odós Adrianoú 100 | Pláka | www.forgetmenotathens.gr*

PAROUSÍA (127 E4) (*J4*)
Mit leiser klassischer, griechischer oder byzantinischer Musik im Ohr können Kunden in aller Ruhe Ikonen und Museumskopien, Keramik und zeitgenössische griechische Kunst betrachten und kaufen. Die Preisspanne der ausgestellten Objekte reicht von unter 20 bis über 2000 Euro. *Odós Kidathinéon 15 | Pláka*

KUNSTHANDWERK

CENTRE OF HELLENIC TRADITION (126 C3) (*J4*)
Eine Freude für jeden Besucher ist dieses fast museal gestaltete kleine Einkaufszentrum, in dem hochwertiges griechisches Kunsthandwerk angeboten wird. Besonders schön ist das Sortiment an Keramik, Stickereien, Webarbeiten, Messing- und Kupferarbeiten sowie an historischen Drucken. Zum Zentrum gehören ein Café mit Blick auf die Akrópolis und eine Kunstgalerie im ersten Stock. *Odós Pandróssou 36 | Pláka*

DEXÍPOS ★ (126 C4) (*H4*)
Antónis Pálles kreiert antike Kunst, die noch nicht gefunden wurde: Er lässt sich von Vorbildern in Museen inspirieren, schafft jedoch völlig Neues und oft überraschend Schönes und Witziges. Das hat allerdings seinen (hohen) Preis. *Odós Dexípou/Odós Pánou | Pláka*

LANDESPRODUKTE

KOSTARÉLOS (130 C5) (*L4*)
Qualitativ hochwertige Käse- und Wurstprodukte sowie andere Delikatessen aus ganz Griechenland. Hier kauft Athens feine Gesellschaft für ihre Partys ein. *Odós Patriárchou Ioakím 30–32 | Kolonáki | www.kostarelos.gr*

SHOPPING IN MUSEEN

Souvenirs höchster Qualität bekommen Sie in den Museumsshops. Von der antiken Statue bis zur bemalten klassischen Vase reicht das Angebot beispielsweise im Archäologischen Nationalmuseum – alles authentische Repliken. Was man nicht selbst tragen kann, wird auch nach Hause geliefert. Ebenso beachtenswert sind die Museumsläden im Benáki-Museum (Dekoratives, Schmuck, CDs, Ikonen) und im Museum für kykladische Kunst (viel Schmuck).

EINKAUFEN

Garantiert nachgemacht: Ikonen als Souvenir in einem Schaufenster in der Altstadt

LEDER & CO

INSIDER TIPP ▶ IPPÓLITO (127 E4) (*J4*)
Pavlína Papailiopoúlou hat in England und Italien Kunst und Design studiert und verkauft jetzt ihre Taschen und Beutel aus Leder, Stroh oder Segeltuch in der Pláka. Der Clou sind winzige Täschchen, die wie eine Kette um den Hals getragen werden können. *Odós Voúlis 38 | Pláka | www.ippolito.gr*

KOUROUNIÓTI (126 C2) (*H4*)
Taschen, Koffer, Jacken, Portemonnaies und Gürtel der Hausmarke „Koúros", hergestellt in eigenen Werkstätten. *Mo–Sa 9–17 Uhr | Odós Miaoúli 15 | Psirrí*

3 QUARTERS ✅ (126 C1) (*H3*)
Nachhaltig shoppen? In diesem winzigen Atelier werden Taschen, Bags und andere Accessoires ausschließlich aus in Athen gesammelten Altmaterialien hergestellt; jedes Stück ist ein Unikat und reine Handarbeit. *nur Mi–So 12–20 Uhr | Odós Ag. Dimitríou 19 | Psirrí | 3quarters.design*

MODE

IOÁNNA KOURBÉLA (127 E4) (*J4*)
Werden Sie irgendwann ein Brautkleid brauchen? Dann schauen Sie sich doch schon einmal bei der Athener Textildesignerin um. Aber auch ohne entsprechende Absicht werden Sie hier fündig: Ioannas urbane Mode für Sie und Ihn ist trotz eines gewissen Minimalismus ganz klassisch. *Odós Adrianoú 109 | Pláka | www.ioannakourbela.com*

INSIDER TIPP ▶ LA STAMPA (127 D3) (*J4*)
„Wir sind 100 % griechisch!", verkündet die Firma stolz. Vom Design bis zur Produktion entsteht alles im Land. In der Werbung kommt man freilich ohne Schimpansen aus (wie ihn eine Zeitlang eine bekannte deutsche Textilmarke einsetzte). Die weichen, fluffigen Stoffe sprechen für sich – und selbst die Wintermode kommt äußerst luftig daher. Leider gibt's nichts für den Mann. *Odós Adrianoú 57 | Pláka | www.la-stampa.gr*

MUSIK

Flohmärkte gibt es in Athen allerorten: hier vor der Hadrian-Bibliothek

PARANOIA (127 E3) (*m* J4)
Fetzige Mode für junge Frauen zu erschwinglichen Preisen, in Griechenland entworfen und hergestellt, ist das Markenzeichen des flotten Labels. Oberteile gibt es regulär schon ab 20 Euro. *Odós Ermoú 71 | Emborikó Trígono | www.paranoia.com.gr*

REMEMBER NOW ★ (126 C1) (*m* H3)
DimÍtris Tsouátos hat sich als Designer für Punk- und Heavy-Metal-Mode einen Namen gemacht. Jetzt führen Sohn Yánnis und dessen Frau Athiná den Laden an neuem Ort weiter – und wollen weiterhin die Antifashion pflegen. Immerhin: Iron Maiden, Lana del Rey und Kim Gordon haben hier schon eingekauft. *Odós Aischyloú 28 | Psirrí | facebook.com/www.rememberfashion.gr*

T-GREEKS (126 C4) (*m* H4)
Die T-Shirts und Hoodies sind bester Qualität und stammen garantiert aus Griechenland statt aus Fernost. Klassisch griechische Motive werden hier ganz modern interpretiert. *Odós Dexíppou 3 | Pláka*

VALTADÓROS (130 B5) (*m* K3)
Kleider aus der Hand eines Modedesigners: fürs Büro oder zum schick Ausgehen. *Odós Voukourestíou 37/Soufá | Kolonáki | www.parisvaltadoros.com*

MUSIK

INSIDER TIPP ▶ TO DISKÁDIKO
(129 E5) (*m* H3)
Neue und gebrauchte Vinyls und sogar Kassetten, griechische und internationale Musik. Ein Laden für leidenschaftliche Stöberer! *Odós Agías Eleoúsis 5 | Psirrí | www.todiskadiko.gr*

ÖKOPRODUKTE

APIVITA REXPERIENCE STORE ⊙
(130 B5) (*m* K4)
Auf sechs Etagen eines klassizistischen Hauses bietet die auch international re-

EINKAUFEN

nommierte griechische Naturkosmetikmarke Apivita ihre Produkte für Sie und Ihn an. Ein Kosmetik- und ein Friseursalon sind integriert. *Odós Sólonos/Odós Kanári | Kolonáki | www.apivita.com*

INSIDER TIPP MASTÍHA SHOP
(130 B5) (*K4*)

Die Produkte der Mastixanbaugenossenschaft der Insel Chios umfassen Kosmetika und Spirituosen, Süßigkeiten, Kaugummis, Öle, Marmeladen und manches mehr. Grundlage ist das Harz des Mastixstrauchs, das nur auf dieser Insel gewonnen wird. *Odós Panepistimíou 6/Odós Kriezótou | Kolonáki*

PERÍ LÉSVOU (126 C2) (*H3*)

Von der Insel Lesbos stammen zahlreiche Produkte aus ökologisch angebauten Oliven: Öle, Früchte, Seifen und Kosmetika. Zudem kommen von Lesbos Griechenlands berühmteste Ouzo-Marken, wie „Plomari" und „Barbagiannis", die schließlich auch Naturprodukte sind. *Odós Athínas 27 | Psirrí*

SCHUHE

GIÁNNA KAZÁKOU (130 B5) (*K3*)

Zum Ausrasten! Ja, und auch zum Anprobieren! Über 200 Schuhlabels aus aller Welt stehen hier im Laden, ein Modell ist krasser als das andere. Für jedes Portemonnaie und jeden Mut ist etwas dabei, nur Feiglinge gehen leer aus. *Odós Ermoú 2 | Monastiráki | www.giannakazakou.gr*

KALÓGYROU (130 C5) (*K4*)

Wenn Schuhe um die 1000 Euro ihre Preisklasse sind, haben er und sie hier die größte Auswahl unter internationalen Labels von Weltrang. *Kolonáki-Platz/Odós Patr. Ioakím | Kolonáki | www.kalogirou.com*

TRUE STORY (133 F2) (*J5*)

Der Franzose Christian Louboutin hat international für Furore gesorgt, als er Schuhe mit roten Sohlen und Absätzen entwarf. Aléxis Mántas interpretiert die Idee ganz griechisch und koloriert die Sohlen seiner Sandalen im Blau der Ägäis. Der Kollektion gab er den Namen *Kyma* (Welle), und jedes Design ist nach einer griechischen Insel benannt. *Odós Makrigiánni 33 | Makrigiánni | www.kymasandals.com*

INSIDER TIPP TSAKÍRIS MÁLLAS
(127 E3) (*J4*)

Genormtes kommt hier nicht in den Laden. Damenschuhe und Handtaschen sind griechisches Design, ob fetzig oder klassisch-elegant. Hauptsache, Ähnliches ist anderswo kaum zu finden. *Odós Ermoú 14 | Monastiráki | www.tsakirismallas.gr*

LOW BUDGET

Wer stets auf der Suche nach besonderen Schnäppchen ist, erlebt bei den vielen Straßenhändlern an der *Odós Athínas* **(126 C1–2)** (*H3–4*) wahrscheinlich einige Glücksmomente. Billiguhren, Billigwerkzeug, russische Ferngläser, Modeschmuck und Sonnenbrillen: Hier wird ein breites Spektrum an preiswerten Waren angeboten.

Entlang der Metro zwischen den Stationen *Piräus* und *Néo Faliró* **(136–137 C–D2)** (*O*) findet an jedem Sonntagmorgen ein großer Flohmarkt statt. Wer wie ein Grieche handeln kann, der findet so manches Schnäppchen.

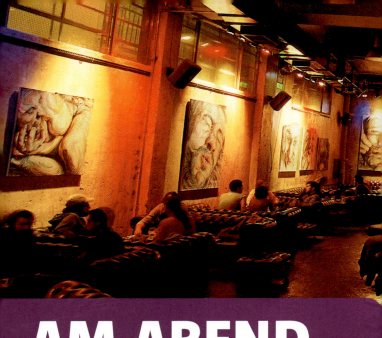

AM ABEND

🏙 WOHIN ZUERST?

Für nette Tavernen und Lokale mit Folkloreshows ist die **Pláka** das richtige Viertel. Über die Metrostationen Síntagma und Monastiráki gelangen Sie bequem dorthin. Monastiráki ist auch die Station für das Szeneviertel **Psirrí** mit vielen trendigen Restaurants, Clubs und einigen Diskos. Mitten im angesagten **Gázi-Viertel** liegt die Metrostation Kerameikós, im **Thissío-Viertel** mit seinen vielen Straßencafés die Metrostation Thissío. Zu den großen Musiklokalen an der Küste des **Saronischen Golfs** kommen Sie gut mit der Tram.

Keine Nacht ist in dieser Stadt wie die andere. In Athen können Sie jeden Abend viel aufregend Neues erleben – und das auf ganz unterschiedliche Art. Kultur, Kino oder Cocktails, Rock, Sirtáki oder Jazz – das Angebot ist beinahe unerschöpflich.

Zentren des jungen Nachtlebens sind die Viertel Psirrí, Thissío, Gázi und Exarchía. Wer es lieber etwas ruhiger mag, geht in ein Sommerkino, in eines der über 100 Theater oder in eine *Bouát,* eine Kleinkunstbühne, wo griechische Lieder zu Piano- und Gitarrenbegleitung gesungen werden. Ein kulturelles Highlight ist Athens moderne Konzerthalle. Für Touristen gibt es zudem ein besonderes Angebot: Vorführungen griechischer Tänze in traditionellen Trachten.

Bild: Bar im Gázi-Viertel

Sternstunden für Nachtschwärmer: Im Sommerhalbjahr spielt sich das Nachtleben häufig im Freien ab

BOUZOÚKIAS

In eine *Bouzoúkia* gehen Griechen mit möglichst vielen Freunden, wenn sie etwas feiern wollen. Das Standardgetränk ist Whisky, der flaschenweise bestellt wird (ab 90 Euro pro Flasche). Eine Band mit verschiedenen Sängern und Sängerinnen spielt griechische Musik so laut wie möglich. Wer tanzen will, bestellt ein Lied seiner Wahl, die Freunde bilden einen Kreis um den Tänzer, feuern ihn an, werfen Blumen und Papierservietten massenweise vor seine Füße. Eine Garantie, dass man Derartiges miterlebt, hat man jedoch nie. Es gibt Abende, da herrscht in einer Bouzoúkia gähnende Leere, während an anderen Tagen die Tanzfläche kaum einmal leer wird. Vor 23 Uhr ist selten etwas los. Im Hochsommer sind die meisten Bouzoúkias geschlossen, die Musiker treten dann lieber auf den Inseln auf.

In eine Bouzoúkia geht man als Ausländer am besten nur in Begleitung griechischer Freunde. Sie geben Ihnen auch

CLUBS

das Zeichen, wo und wann Sie mittanzen können und wo besser nicht – denn willkommen ist das durchaus nicht immer.

KÉNTRO ATHINÓN (128 B6) (*F4*)
Renommierte Bouzoúkia in Zentrumsnähe, in der oft auch Stars der griechischen Unterhaltungsmusik auftreten. *Okt.–Juni Fr/Sa ab 22.30 Uhr | Leofóros Piréos 142 | Pétrou Rálli*

CLUBS

Türsteher gehören auch in Athen zur Clubszene. Meist halten sie lange Listen in der Hand mit den Namen derer, die telefonisch oder im Netz reserviert haben. Ohne Reservierung hat man kaum eine Chance reinzukommen. Die Eintrittspreise liegen meist zwischen 10 und 20 Euro, der erste Drink oft inklusive.

INSIDER TIPP AKROTÍRI BOUTIQUE (0) (*0*)
Ein Anlaufpunkt der ultimativen Athener Sommer-Partyszene ist diese Diskothek direkt am Meer. Die Nacht fängt normalerweise mit Mainstream an und endet in den frühen Morgenstunden häufig mit traditioneller griechischer Musik. Die Website des Clubs zeigt, teilweise auch auf Englisch, das Wochenprogramm. Getanzt wird unter freiem Himmel, die Tram hält fast direkt vor der

Treffen, tanzen, trinken unter LED-Kronleuchtern: Athens Clubszene ist metropolentauglich

Tür. *23–4 Uhr (Mai–Okt. bis 6 Uhr) | Eintritt 20 Euro inkl. ein Getränk | Odós Vasileós Georgíou 5 | www.akrotirilounge.gr | Tram 2 Ágios Kosmás*

LOHAN CLUB (128 B3) (*F2*)
Hollywoodstar, Popikone und Model Lindsay Lohan ist in Athen zur Mitbesitzerin eines Megaclubs geworden, der viele Sternchen anlockt. Entsprechend groß sind VIP- und VVIP-Area. Den dekorativen Rahmen bildet eine alte Fabrikhalle, die in einer Art Industriebarock umgestaltet wurde. Miss Lohan samt Entourage schaut dem Vernehmen nach regelmäßig vorbei. *Tgl. ab 23 Uhr | Ierá Odós | Gázi | www.lohanathens.com | Metro Kerameikós*

AM ABEND

COCKTAILBARS

BABA AU RUM (127 D2) (*J4*)
Das kleine Lokal ohne jeden schönen Ausblick wirkt bescheiden und normal, die Cocktails haben jedoch Weltniveau. Ein paar Klassiker stehen auch auf der Karte, aber eigene Signature Cocktails (zu relativ günstigen Preisen) überwiegen. *Sept.–Juli So–Fr 19–3, Sa 13–4 Uhr | Odós Klitióu 6 | Emborikó Trígono*

INSIDER TIPP CLUMSIES (127 E1) (*J3*)
Aperol Spritz ist anderswo. Im Clumsies haben die Inhaber Níkos und Vassílis diverse Spritzes auf Basis griechischer Spirituosen und Weine kreiert. Originell auch das Cocktail-Degustationsmenü: Zwischen 18 und 22 Uhr gibt es vier halbe Cocktails für nur 20 Euro. *Di–So 10–2 Uhr | Odós Praxitélous 30 | Emborikó Trígono*

ELLINÁDIKA

Junge Griechen mögen aktuelle Musik aller Richtungen, die in griechischem Stil interpretiert wird. Die Lokale sind groß, die Preise okay, die Atmosphäre super.

STAVRÓS TOU NÓTOU (0) (*0*)
Überwiegend junge griechische Musik auf drei Bühnen mit separaten Eingängen. Meist wird über mehrere Monate das gleiche Wochenprogramm geboten. Wer einen Tisch reserviert, zahlt keinen Eintritt, Ad-hoc-Gäste zwischen 10 und 20 Euro. *Konzerte meist ab 21/22 Uhr | Minimumverzehr für 2 Personen: eine Flasche Wein für 70 Euro | Odós Frántzi Amvrosiou 35/Odós Tharípou | www.stn.gr | Metro Néos Kósmos | Tram Néos Kósmos*

VOX (128 C4) (*G3*)
Hier treffen sich Athens Partygänger weit nach Mitternacht, um zu griechischer Musik weiterzufeiern, manchmal wird sogar auf Tischen und Stühlen getanzt. Flasche Whisky für maximal 4 Gäste ab 150 Euro, Ermäßigung bei Internetbuchung. *Fr/Sa 23.30–5.30 Uhr | Ierá Odós | Gázi | www.kratisininow.gr/srages/vox*

FREILUFTKINOS

Viele Athener Sommerkinos liegen inmitten von Straßenschluchten, überraschen aber mit kleinen Gärten und Snackbars, an denen Bier, Limonade und die fast obligaten Pommes frites zu bekommen sind. Manche dieser Kinos sind so interessant, dass man der Umgebung fast mehr Aufmerksamkeit widmet als dem Film. Gezeigt werden ältere und aktuelle Filme in Originalfassung. Die Vorstellungen – meist zwei pro Abend – beginnen erst nach Einbruch der Dunkelheit.

AÍGLI VILLAGE COOL (134 B3) (*K5*)
Traditionsreiches Kino im Park unmittelbar neben dem klassizistischen Ausstellungspalast Záppion. Wahlweise Sitz-

---

MARCO POLO HIGHLIGHTS

★ **Cine Paris**
Dachgartenkino mit Akrópolis-Blick → S. 84

★ **Mégaro Mousikís Athinón**
Die supermoderne Konzerthalle bietet auch international Hochkarätiges → S. 85

★ **Nationaloper**
Musiktheater: schön, auch wenn man kein Griechisch kann → S. 86

★ **Dóra Strátou**
Authentische Volkstänze in Trachten → S. 87

JAZZCLUB

Athens moderner Tempel für klassische Musik: Mégaro Mousikís Athinón

plätze in Stuhlreihen oder an Tischen. *Zugang vom Leofóros Vasilíssis Ólgas*

CINE PARIS ★ ● ☼ (127 E5) (*J4*)
Dachgartenkino mit Blick über die Pláka und auf die Akrópolis. Filme in Englisch mit griechischen Untertiteln. Im Erdgeschoss werden Reprints historischer griechischer Filmplakate und Standfotos verkauft. *Odós Kidathinéon 22 | Pláka*

JAZZCLUB

HALF NOTE (134 B2) (*J6*)
Renommierter Jazzclub mit Livekonzerten an jedem Abend zwischen Oktober und April. *Konzertbeginn Mo–Sa 22.30, So 20.30 Uhr | Eintritt: Platz an der Bar 10 Euro, Tischplatz mehr | Odós Trivoniánou 17 | nahe dem Haupteingang zum Friedhof A | www.halfnote.gr*

KONZERTE

Konzerte finden in Athen an fast jedem Abend des Jahres statt. Die klassische Musik hat ihre feste Adresse, die Auftrittsorte griechischer und internationaler Größen aus Rock und Pop wechseln.

INSIDER TIPP AN CLUB (130 A3) (*J2*)
Die alternative Szene Athens liebt den An Club, wo Post-Rock, Metal, Industrial, Hip Hop und viele andere trendige Musikrichtungen geboten werden. Die Bands kommen aus dem In- und Ausland. *Konzerte meist ab 21/22 Uhr | Eintritt 5–25 Euro | Odós Solomoú 13–15 | www.anclub.gr | Metro Omónia*

INSIDER TIPP GAGARIN 205 (129 E1) (*H1*)
Überwiegend Rock- und Metal-Größen treten fast das ganze Jahr über in der Konzerthalle auf, die über 600 Sitz- und 1200 Stehplätze verfügt. Auf der Bühne standen bisher u. a. Gruppen wie Schiller, Children of Bodom oder The Crazy World of Arthur Brown. Außerdem veranstaltet das Gagarin alternative Filmfestivals, so das „Greek Cult Film Festival" oder das „Berlin Porn Film Festival". *Odós*

AM ABEND

Liossíon 203–205 | www.gagarin205.gr | Metro Attikí

KYTTÁRO (129 E2) (*M H1*)

Rock-Konzertbühne überwiegend für griechische Interpreten. Das Kyttáro vergleicht sich gern mit dem amerikanischen Fillmore Auditorium, dem britischen Marquee Club und dem ebenfalls britischen UFO. An einem Wochenende im Mai findet jeweils ein Festival der Zigeunermusik statt. *Eintritt 10–15 Euro | Odós Ípirou 48/Odós Achárnon | www.kyttarolive.gr | Metro Larísis*

MÉGARO MOUSIKÍS ATHINÓN ★ ●
(131 E4) (*M M3*)

In Athens moderner Konzerthalle wird von Oktober bis Juni klassische Musik aufgeführt. Das Programm reicht von philharmonischen Konzerten berühmter Orchester wie dem der Mailänder Scala bis zu Opern- und Ballettaufführungen. In der nur 150 m von der Metrostation Mégaro Mousikís entfernten Halle gibt es ein Restaurant und ein sehr gutes Musikgeschäft, das zu den Vorstellungen geöffnet ist. *Vorverkauf Mo–Fr 10–18, Sa 10–14 Uhr | Leofóros Vasilíssis Sofías | Ticketoffice auch am Odós Omiroú 8 (Mo–Fr 10–16 Uhr) | Tel. 21 07 28 23 33 | Tickets auch über das Internet, mit Kreditkarte: www.megaro.gr*

MUSIKTAVERNEN

Ein Zwischending – auch preislich gesehen – zwischen normaler Taverne und Bouzoúkia sind die Musiktavernen. Dort findet man als Ausländer am ehesten die griechische Musik und Atmosphäre, die man erwartet. Touristisch aufbereitet wird sie vor allem in den Musiktavernen in der Pláka, besonders an der Odós Mnisikléous. Programm gibt's meist ab 20 Uhr.

PALIÁ TAVÉRNA KRITIKOÚ ●
(127 D4) (*M H4*)

Gute Unterhaltung in nett dekorierten Räumen; im Sommer wird zusätzlich der Dachgarten geöffnet. *Odós Mnisikléous 24 | Pláka*

INSIDER TIPP PÁME PSIRRÍ
(129 E5) (*M H3*)

In dieser Musiktaverne sind die Gäste vor allem Griechen, die Atmosphäre ist also äußerst authentisch. *Odós Katsikogiánni 5 | www.pamepsirri.gr*

REMBÉTIKO-LOKALE

Die Rembétiko-Musik, der „Blues Griechenlands", stammt ursprünglich von den Griechen Kleinasiens. Populär wurde sie aber erst nach deren Vertreibung aus der Türkei 1922. Damals entstanden in den Flüchtlingsvierteln und im Halbweltmilieu Athens zahlreiche Rembétiko-Orchester, die die Musikszene der Hauptstadt bis zum Zweiten Weltkrieg beherrschten.

LOW BUDG€T

An Opern- und Operettenfreunde unter 27 Jahren werden an der Abendkasse der *Nationaloper* (s. S. 57) Eintrittskarten in jeder Preislage ab 20 Minuten vor Vorstellungsbeginn für nur 15 Euro abgegeben, sofern noch Tickets verfügbar sind.

Von Sonntag bis Donnerstag ist der Eintritt in Diskotheken oftmals 50 Prozent billiger als freitags und samstags. Da lassen sich leicht 5 Euro sparen. Info dazu im wöchentlichen Veranstaltungsmagazin „Athinórama".

THEATER

In den Rembétiko-Lokalen tanzen manchmal die Gäste, garantiert ist das aber nicht. Als Ausländer sollte man auf jeden Fall nur mittanzen, wenn man dazu aufgefordert wird (was manchmal weit nach Mitternacht der Fall ist). Das Preisniveau ist relativ hoch, mit 35 Euro pro Person für Wein und kleine Gerichte muss man mindestens rechnen.

INSIDER TIPP ▶ I PALIÁ MARKÍZA
(134 C3) (*L5–6*)
Typisches Rembétiko-Lokal mit dem Flair des alten Athen. *Fr/Sa ab 21, So 13–18 Uhr | Odós Chysáfi/Odós Próklou 41 | Platía Varnáva | Pangráti*

THEATER

Mehr als 140 Bühnen spielen alles, was das internationale Repertoire zu bieten hat. Bühnensprache ist fast ausnahmslos Neugriechisch. Antike Tragödien werden aber manchmal im altgriechischen Original gespielt. Theatersaison ist von Oktober bis April; im Sommer wird vorwiegend auf Freilichtbühnen und bei Festivals gespielt.

ETHNIKÓ THÉATRO (129 E3) (*H2*)
Das Nationaltheater widmet sich auf drei Bühnen Sprechtheater jeder Art – an Wochenenden oft mit englischer Übersetzung auf Laufbändern. Tickets kauft man im Internet. *Odós Ag. Konstantínou 22 | Tel. 21 03 30 18 80 | www.n-t.gr | Metro Omónia*

NATIONALOPER ★ (139 E3) (*O*)
Seit 2017 hat die Nationaloper ein neues Zuhause: in einem Bau des italienischen Stararchitekten Renzo Piano. Schon der allein lohnt den Besuch einer Opern-, Operetten- oder Ballettaufführung.

LESEHUNGER & AUGENFUTTER

Zurück auf Start – Der neuste Kriminalroman des Athener Autors Pétros Makáris spielt im Krisenjahr 2014. Ebenso spannend wie die Vorläuferbände, beschäftigt er sich mit politischen Extremisten von links und rechts. Zugleich beschreibt er den Athener Alltag und das Familienleben des Kommissars atmosphärisch dicht (2015)

Sonntags nie – In Piräus spielender Filmklassiker aus dem Jahr 1960 mit Melina Mercouri und Jules Dassin, der auch Regie führte. Der Film erzählt die Geschichte eines amerikanischen Touristen, der eine griechische Prostituierte auf den Pfad der Tugend führen will. Als DVD erhältlich

Athen – Literarische Spaziergänge – von Paul-Ludwig Völzing herausgegebene Zusammenstellung (2000) von Schilderungen der griechischen Hauptstadt durch bekannte und weniger bekannte Autoren aus Antike und Gegenwart

Kleine Wunder in Athen – Nachdenkliche Filmkomödie von Filíppos Tsítos, die im Milieu eines kleinen Athener Ladenbesitzers und seiner griechischen und albanischen Freunde spielt. Im Untertitel auf Deutsch auch „Eine kleine Einführung in die griechische Ökonomie". Hauptdarsteller Antónis Kafetzópoulos bekam den Silbernen Leoparden beim Festival in Locarno. Als DVD (2009, www.kleinewunderinathen.de)

AM ABEND

Freilichttheater mit fantastischer Kulisse: Der Likavittós ist Bühne vor allem für Rockkonzerte

Karten gibt's im Internet. *Odós Leofóros Syngroú | Tel. 213 088 57 00 | www.nationalopera.gr | Tram 3, 4 Delta Falirou*

VOLKSTANZ

DÓRA STRÁTOU ⭐ (133 D2) (*G5*)
Die professionelle Volkstanzgruppe ist die diesbezügliche Nummer eins in Hellas. Unter freiem Himmel zeigt sie in historischen Trachten authentische Volkstänze aus vielen Regionen des Landes. *Ende Mai–Sept. Di–Sa 21.30, So 20.15 Uhr | Philopáppos-Theater | Odós Antéou | www.grdance.org*

WEINBARS

MIKE'S IRISH BAR (131 F3) (*N2*)
Nicht nur in Athen lebende Briten, Iren, Australier und US-Amerikaner gehören zur Stammkundschaft, sondern auch anglophile, meist sehr gut Englisch sprechende Griechen. So kommt man auch ohne Griechischkenntnisse einmal leicht ins Gespräch mit Einheimischen. Man spielt Darts oder schaut Sport auf Großbildschirmen; fast täglich ist Livemusik von Irish Folk bis Reggae zu hören. *Tgl. ab 20 Uhr | Odós Sinópis 6 | im Hochhauskomplex Athens Tower | www.mikesirishbar.gr | Metro Evangelismós*

VINTAGE (127 D3) (*H4*)
300 verschiedene, überwiegend griechische Weine glasweise – das gibt es sonst nirgends. Damit das Durchprobieren gutgeht, werden auch griechische Tapas, Käse- und Wurstplatten serviert. *Odós Mitropóleos 66–68 | Monastiráki | www.vintagewinebistro.com*

VRETTÓS 🔵 (127 E5) (*J4*)
Am langen Tisch in dieser urigen Weinbar, deren Wände bunt funkelnde Likörflaschen zieren, treffen sich Gäste aus aller Welt. Probieren sollten Sie den Ouzo vom Fass oder Mastíha-Likör von der Insel Chios. *Tgl. 10–24 Uhr | Odós Kidathinéon 41 | Pláka*

ÜBERNACHTEN

Sie stehen am Fenster, sitzen auf Ihrem Balkon und sehen die Akrópolis vor sich. Das Bild vom angestrahlten Götterfelsen nehmen Sie mit in den Schlaf. Wahrscheinlich werden Sie es nie mehr vergessen.

Hotels, die Ihnen dieses Erlebnis bieten, gibt es in der griechischen Hauptstadt genug. Der Akrópolis-Blick könnte Ihr wichtigstes Kriterium bei der Hotelauswahl sein. Zumindest der vom Dachgarten aus, der viele Hotels krönt – meist mit Bar, oft mit Restaurant, manchmal auch mit Pool oder Whirlpool.

Ein anderes wichtige Kriterium bei der Hotelauswahl wäre die Lage. Fast alles Sehens- und Erlebenswerte in Athen drängt sich im Areal zwischen Akrópolis und den Plätzen Monastiráki, Omónia und Síntagma zusammen. Alles lässt sich da bestens zu Fuß erkunden. Auch viele Hotels sind dort zu finden. Der absolute Hotspot am Tag und in der ersten Nachthälfte ist das Altstadtviertel Pláka. Wer dort ein Zimmer bucht, wohnt ganz zentral – und das in jeder Preislage. In der zweiten Nachthälfte verlagert sich das Geschehen in die Szeneviertel Psirrí, Thissío und vor allem Gázi. Wer von da nach Hause will, wohnt am besten nahe dem Monastiráki-Platz.

Im heißen Hochsommer kommt vielleicht auch ein Hotel am Meer infrage. Vor manchem liegt der Strand vor der Haustür, Fischtaverne gleich inbegriffen. 40 Minuten Straßenbahnfahrt in die City muss man dann allerdings in Kauf nehmen.

Bild: Lobby des Hotels Eléctra Palace

Auch in Athen gibt es ruhige Unterkünfte: In einer lauten Stadt ist die Lage das wichtigste Kriterium bei der Hotelwahl

Gutem Design begegnen Sie überall in Athen. Auch viele Hoteliers setzen darauf. Stilsicherheit ist nicht immer ihre Stärke, Mut aber allgemein angesagt. Besonders, was Farbigkeit und Lichtdesign angeht. Retro-Chic ist ein zweites wichtiges Element des Hoteldesigns. Retro ohne Chic ist auch noch häufig zu finden: Wo das Geld für eine fällige Renovierung fehlt, wird der Mangel oft durch besonders familiäre Gastfreundschaft wettgemacht. Mit der Zeit gehen alle Gastgeber auf jeden Fall bei der Telekommunikation: Kostenloses WLAN für die Gäste bieten sie nahezu alle, Web-Check-in immer mehr.

Die Preise fürs Bett beginnen bei 12 Euro und kennen kaum eine Obergrenze. Sie schwanken stark, können sich jeden Tag ändern. Einen guten Überblick verschaffen Buchungsportale. Die meisten angeschlossenen Hotels zählt *www.booking.com*, auch *www.airbnb.de* ist zum Ärger der angestammten Hotellerie stark auf dem Markt. Preisvergleiche lohnen auf jeden Fall!

HOTELS €€€

HOTELS €€€

ELÉCTRA METRÓPOLIS (127 E3) *(J4)*
Von hier bringen Sie Geschichten mit nach Hause: Sie schlafen im ehemali-

Traditionsreiche Nobelherberge: die Lobby des Luxushotels Grande Bretagne

gen griechischen Erziehungsministerium. In der Lobby blicken Sie durch Panzerglasplatten auf Überreste des antiken Athen, das Atrium ziert ein monumentales Gemälde des in Griechenland sehr berühmten Malers Alékos Fassianós, das hauptsächlich Friedenstauben zeigt, von ☼ Dachterrasse und -pool aus blicken Sie über die ganze Altstadt bis zur Akrópolis hinauf. Retro-Chic dominiert das Interieur; die Lage ist superzentral. *216 Zi. | Odós Mitropóleos 15 | Tel. 21 41 00 62 00 | www.electrahotels.gr | Metro Sýntagma*

ELÉCTRA PALACE ★ (127 E4) *(J4)*
Fünfsternehotels gibt's in Athen jede Menge. Aber nur dies hier liegt – optisch bestens eingepasst – direkt im Herzen der Pláka. ☼ Rooftop-Restaurant und Pool auf dem Dach bieten ebenso wie die Zimmer in den obersten Etagen Akrópolis-Blick, Fitnessraum und Spabereich sind in dieser Kategorie Standard. *147 Zi. | Odós Nikodímou 18 | Tel. 21 03 37 00 00 | www.electrahotels.gr | Metro Sýntagma*

GRANDE BRETAGNE (130 A5) *(J4)*
Für die Gäste der klassischen Nobelherberge Athens spielt Geld keine Rolle – sie haben es. Im klassizistischen Prachtbau schräg gegenüber vom Parlament logieren auch Staatsgäste und Hollywoodgrößen. Das Gebäude wurde 1862 als Gästehaus des Königs errichtet und ist seit 1872 Hotel. Öffentlich zugänglich sind der ● elegante Spabereich und die insgesamt sieben Bars, Cafés und Restaurants. *Ab ca. 350 Euro | 321 Zi. u. Suiten | Platía Syntagmátos | Tel. 21 03 33 00 00 | www.grandebretagne.gr | Metro Sýntagma*

ÜBERNACHTEN

POSEIDON ⭐ (139 E4) (*O*)
Badeurlaub in Athen? Geht doch: Das Hotel steht zwar an der viel befahrenen Uferstraße, hat aber gleich gegenüber seinen eigenen Strand und seine eigene Strandtaverne. Grandios ist der Blick von der ☀ Skybar auf dem Dach auf Piräus, die Ägäis und ein paar nahe Inseln. Die Tram hält vor der Tür und bringt Sie in 40 entspannten Minuten direkt zum Sýntagma-Platz. *89 Zi. | Leofóros Possidónos 72 | Paléo Faliró | Tel. 21 09 87 20 00 | www.poseidonhotel.com.gr | Flughafenbus X96 | Tram 3, 5 Edem*

HOTELS €€

A FOR ATHENS ⭐ (133 C2) (*H4*)
Das Hotel für Nachteulen! Die Szeneviertel Psirrí, Thissío und Gázi sind gleich um die Ecke – und zum Vorglühen ist die Rooftop-Bar ideal. Da werden laut Kennern die besten Cocktails der Stadt gerührt und geschüttelt. Die Zimmer sind modern, aber schlicht, mehr brauchen Nachteulen ja nicht. Wer sparen will, bucht eins mit „Homy View": Da sieht man aus dem Fenster nur Nachbarhäuser, hat aber Fotos mit schönen Athen-Panoramen an den Wänden. Live sehen Sie die Stadt durchs Fenster, wenn Sie ein ☀ Zimmer mit „Wide View" buchen. *35 Zi. | Odós Miaoúli 2/Platía Monastiráki | Tel. 21 03 24 42 44 | www.aforathens.com | Metro Monastiráki*

ATHENS LA STRADA ⭐
(127 E3) (*J4*)
Wow, ist das krass! Hier zeigt man Mut zur grellen Farbe und zu ungewöhnlichen Lichtinstallationen. Nicht nur in der Rooftop-Bar und der Lobby, sondern auch in allen mindestens 25 m² großen Zimmern. In deren Böden kann man sich spiegeln, durch die Fenster dringt kein Laut von außen herein. *16 Zi. | Odós Petráki 26 | Tel. 21 03 31 47 82 | www.athenslastrada.com | Metro Sýntagma*

INSIDER TIPP ATHENS TIARE
(129 F6) (*H2*)
Raus aus der Metro, rein ins Hotel. Modernes Design mit bodentiefen Fenstern an einem der beiden Hauptplätze der Stadt. In die Pláka gehen Sie 15 Minuten, vorbei an den Markthallen. Und das Studentenviertel Exarchía liegt gleich um die Ecke. *123 Zi. | Odós Panagí Tsaldári 2 | Tel. 21 05 20 03 00 | www.athenstiarehotel.com | Metro Omónia*

CENTRAL (127 E3) (*J4*)
Clou des Altstadthotels ist der von Mai bis Oktober geöffnete ☀ **INSIDER TIPP** Whirlpool gleich neben der Dachgar-

---

MARCO POLO HIGHLIGHTS

⭐ **Eléctra Palace**
Das einzige Fünfsternehaus im Herzen der Altstadt. Mit Pool auf dem Dach → S. 90

⭐ **Poseidon**
Meer und Strand vor der Hoteltür – und mit der Tram nur 40 Minuten zur City → S. 91

⭐ **A for Athens**
Ideale Lage für Nachteulen und Topcocktails mit Akrópolis-Blick → S. 91

⭐ **Ramnoús**
Strandurlaub in der Nähe der Metropole – das geht auf diesem Campingplatz → S. 95

⭐ **Athens La Strada**
Grelle Farben, tolles Lichtdesign – extremer kann man kaum schlafen → S. 91

HOTELS €€

tenbar. Sie sitzen drin und schauen auf die Akrópolis – einfach irre! Die Zimmer sind relativ klein und klassisch-solide möbliert, die Lage mitten in der Pláka ist schlicht super. *84 Zi. | Odós Apóllonos 21 | Tel. 21 03 23 43 57 | www.centralhotel.gr | Metro Sýntagma*

LOTUS CENTER (126 C2) (*H4*)
Der Clou des kleinen Hotels sind seine Matratzen: Sie kommen von der international renommierten griechischen Kultmarke Coco Mat. Da sind Sie auch nach intensiven Nächten in den umliegenden Szenevierteln schnell wieder fit. Die modernen Apartments bieten bis zu sechs Leuten Platz, eine Dachgarten-Lounge gibt's auch hier. *10 Apt. | Odós Ermoú 95 | Tel. 21 03 25 02 42 | www.lotuscenter.gr | Metro Monastiráki*

O&B ATHENS (126 B2) (*H3*)
„Urban Lifestyle" hat das kleine Boutiquehotel im Szeneviertel Psirrí zu sei-

NUR NICHT (VER)SCHLAFEN

Tradition trifft Design (127 E6) (*J5*)
Der Versuch ist gelungen: Modernes Styling paart sich im *Athens was* perfekt mit traditionellen griechischen Elementen. Griechischer Marmor und griechisches Walnussholz prägen das Interieur. Le Corbusier ist mit Sesseln von 1928 präsent, Eileen Gray mit Diwanen von 1925. Auch zeitgenössische Design-Gurus kommen zu Wort: Toshiyuki Kita hat Sessel beigesteuert, die Brüder Bouroullec haben einen Teil der Lampen entworfen. ☼ Von den Veranden einiger Zimmer und von der Rooftop-Bar ist die Akrópolis ganz nahe zu sehen, in die Pláka gehen Sie drei Minuten. *21 Zi. | Odós Dion. Areopagítos 5 | Tel. 21 09 24 99 54 | www.athenswas.gr | Metro Akrópoli | €€€*

In Athen leben (126 B1) (*H3*)
Cool! Die Apartments von **INSIDER TIPP** *Live in Athens* liegen mitten im Szene- und Nighlifeviertel Psirrí, sind 22–55 m² groß und werden von vier flotten Jungens geführt, die wissen, was hier abläuft. Zur Küchenzeile gehören Mikrowelle und Kaffeemaschine, im minimalistischen Interieur dominiert Weiß, in einem der Apartments steht sogar ein Klavier. Cliquen bis zu 6 Personen können sich eine Wohnung teilen. *11 Apt. | Odós Agíon Anárgiron 5 | Tel. 21 14 01 09 24 | www.liveinathens.net | €–€€*

Frisch und stylish (129 E4) (*H3*)
Eins der ersten Designhotels Athens entstand ausgerechnet in einem alten Kiez, den legal und illegal eingewanderte Asiaten dominieren. Das hat zu seiner gerade laufenden Yuppisierung mit beigetragen. Bewusst setzt das *Fresh* in diesem Gewusel auf Calmness. Am kleinen Pool auf dem Dach können die Gäste Yoga-Sessions buchen (20 Euro), an der Lobby die Hotel-Fahrräder ausleihen. Für die zeitgenössische Kunst engagiert sich das Hotel mit seinem „Art Wall Project", durch das sogar in vielen Zimmern moderne Kunst hängt. Durchaus künstlerisch ist auch das Gesamtdesign: minimalistisch mit kräftigen Farbakzenten. *133 Zi. | Odós Sofokléous 26 | Tel. 21 05 24 85 11 | www.freshhotel.gr | Metro Omónia | €€*

ÜBERNACHTEN

Nomen est omen: 400 Zimmer besitzt das moderne Viersterne-Großhotel Titania

nem zeitgeistigen Motto gemacht. Ocker und Braun sind die dominierenden Farben, die Zimmer sind modern und funktional eingerichtet. Besonderen Wert legt man hier auf die Kommunikation mit den Gästen, die denn auch immer wieder die besonders freundlichen Mitarbeiter loben. *14 Zi. | Odós Leokoríou 7 | Tel. 21 03 31 29 46 | www.oandbhotel.com | Metro Thissío*

PHIDÍAS ⚡ (129 D6) (*G4*)

Kein Haus steht zwischen Ihrem Balkon und der Akrópolis. Über viel Grün blicken Sie auf den Götterfels – das hat Ihnen kein anderes Hotel in Athen so zu bieten. Den Blick bezahlen Sie, die Zimmer entsprechen den Preisen nicht ganz. Sei's drum – wenn Sie mit einem Fläschchen Wein unterm Sternenhimmel auf dem Balkon sitzen, vergessen Sie sowieso die Welt um sich herum. *15 Zi. | Odós Apóstolou Pávlou 39 | Tel. 21 03 45 95 11 | www.phidias.gr | Metro Thissío*

SWEET HOME (127 E3) (*J4*)

Relativ neues Hotel in der Pláka. Nostalgisch und mit etwas Hang zum Kitsch möbliert, guter Service, einige Zimmer mit Balkon und partiellem Akrópolis-Blick. Gut für Autourlauber: Privatparkplatz vorhanden. *8 Zi. | Odós Patróou 5 | Tel. 21 03 22 90 29 | www.sweethomehotel.gr | Metro Sýntagma*

TITANIA (130 A4) (*J3*)

Modernes Großhotel zwischen Síntagma- und Omónia-Platz mit Dachgartenrestaurant und Großparkplatz. *398 Zi. | Leofóros Panepistimíou 52 | Tel. 21 03 32 60 00 | www.titania.gr | Metro Omónia*

HOTELS €

ACRÓPOLIS HOUSE (127 E4) (*J4*)

Wenn Sie gern ganz familiär wohnen, sind Sie bei Familie Choudaláki in der Pláka bestens aufgehoben. Hier fühlen Sie sich zwischen Blümchentapeten

HOTELS €

Von der Dachterrasse des Hotels Áttalos genießt man den Blick auf die Akrópolis

und Waschbecken von anno dazumal wie bei Oma zu Hause. In der Lobby stehen Fotos der Vorfahren, im Frühstücksraum hängt eine nicht mehr ganz aktuelle Weltkarte an der Wand. Ein Fahrstuhl fehlt, dafür aber werden Sie sehr herzlich betreut. *19 Zi. | Odós Kondroú 6–8 | Tel. 21 03 22 62 41 | www.acropolishouse.gr | Metro Sýntagma*

ADÓNIS (127 E4) (ﬤ J4)
Kleines Altstadthotel, ruhig nahe Síntagma-Platz gelegen. Zimmer teilweise mit großem Balkon; das familienfreundliche Zimmer 304 besteht aus zwei Doppelzimmern mit gemeinsamem Bad und Terrasse. Von der ❄ Frühstücksterrasse toller Blick auf Akrópolis und Likavittós. *28 Zi. | Odós Kódrou 3 | Tel. 21 03 24 97 37 | www.hotel-adonis.gr | Metro Sýntagma*

ATHENS ART HOTEL (129 F3) (ﬤ H2)
Außen Neoklassizismus aus dem Jahr 1930, innen stilvolles Design aus unserer Zeit. Zwischen Omónia-Platz und Archäologischem Nationalmuseum gelegen, also etwas ungünstig für Nachtschwärmer, eher für Gäste, die sich abends gern ins Hotel zurückziehen. *30 Zi. | Odós Márni 27 | Tel. 21 05 24 05 01 | www.arthotelathens.gr | Metro Omónia*

ÁTTALOS (126 C2) (ﬤ H3)
Hotel im Herzen der Stadt zwischen Monastiráki-Platz und den Markthallen. Klimatisierte Zimmer mit Lärmschutzfenstern. ❄ Dachterrasse mit Blick auf Akrópolis und Likavittós. Gastfreundliche Atmosphäre, guter Service: So gibt es z. B. die Möglichkeit zur Gepäckverwahrung während mehrtägiger Ausflüge. *80 Zi. | Odós Athínas 29 | Tel. 21 03 21 28 01 | www.attaloshotel.com | Metro Omónia*

BYRON (127 E5) (ﬤ J5)
Die Zimmer sind sehr schlicht, harren einer umfassenden Modernisierung. Wer sich daran nicht stört, genießt die superzentrale Lage und den hübschen kleinen ❄ Dachgarten mit Akrópolis-Blick, auf

ÜBERNACHTEN

dem auch das Frühstück serviert wird. Da hört man jeden Morgen um 8 Uhr sogar die griechische Nationalhymne, wenn Soldaten auf dem Burgberg die griechische Flagge hissen. *23 Zi. | Odós Virónos 19 | Tel. 21 03 23 03 27 | www.hotelbyron.gr | Metro Akrópoli*

FÍVOS (126 C2) (*H4*)

Das kleine Hostel, nur 40 m von der Metrostation Monastiráki entfernt, wird vor allem von Rucksackreisenden aus aller Welt frequentiert. Alle Zimmer sind klimatisiert, im Frühstücksraum steht ein Internetterminal, und manche Zimmer können sogar mit Akrópolis-Blick aufwarten. *14 Zi. | Odós Athínas 23 | Tel. 21 03 22 66 57 | www.hotelfivos.gr | Metro Monastiráki*

NEFÉLI (127 E4) (*J4*)

Schnickschnack und Trends sind Ihnen völlig egal, weil Sie Ihr Hotel ja doch nur zum Schlafen aufsuchen? Dann sind Sie hier in einer ruhigen Nebenstraße in der Pláka gut untergebracht. Alles ist schlicht, aber ordentlich – und der Preis stimmt! *18 Zi. | Odós Iperídou 16 | Tel. 21 03 22 80 44 | www.hotel-nefeli.com | Metro Sýntagma*

INSIDER TIPP ▶ PHAEDRA (127 E5) (*J5*)

Das kleine Hotel ist so schlicht wie sein Internetauftritt. In den Zimmern steht das Nötigste, mehr nicht. Dafür wohnen Sie hier mitten in der Pláka, bleiben von Verkehrslärm verschont und zahlen nur wenig. *21 Zi. | Odós Cherefóndos 16/Odós Adrianoú | Tel. 21 03 23 84 61 | www.hotelphaedra.com | Metro Sýntagma*

CAMPINGPLÄTZE

BACCHUS (139 F5) (*0*)

Ganzjährig geöffneter, schattiger Platz 71 km außerhalb von Athen nahe dem Kap Soúnion, 50 m vom Sandstrand entfernt. 35 Stellplätze, an der Küstenstraße von Athen nach Soúnion. Minimarket, Snackbar. Auch gibt es einige Caravans und Zelte zum Mieten. *Tel. 22 92 03 95 72 | www.campingbacchus.gr*

RAMNOÚS ★ (139 F3) (*0*)

Schattiger Ganzjahresplatz direkt am langen Sandstrand von Marathon-Schiniás, 42 km von Athen entfernt. Am Strand gibt es ein Wassersportzentrum, und in unmittelbarer Nähe hält der Bus nach Athen. 115 Stellplätze, Restaurant-Bar, Mietzelte und -wohnwagen. *Leofóros Poseidónos 174 | Schiniás | Tel. 22 94 05 58 55 | www.ramnous.gr*

LOW BUDG€T

Klimatisierte Zwei- bis Vierbettzimmer mit und ohne privates Bad hat das Hostel *Pélla Inn* **(126 B2)** (*H4*) *(21 Zi. | Odós Karaiskáki 1/Odós Ermoú 104 | Tel. 21 03 25 05 98 | www.booking.com | Metro Monastiráki)* im Marktviertel. Das Bett im Vierer mit Bad ist schon für unter 20 Euro zu haben. Der Blick von der ☼ Dachterrasse auf die Akrópolis ist kostenlos, das Gepäck kann gegen eine kleine Gebühr aufbewahrt werden.

Im Herzen der Pláka liegt das Hostel *Student's and Travellers Inn* **(127 E4)** (*J4*) *(33 Zi. | Odós Kidathinéon 16 | Tel. 21 03 24 48 08 | www.studenttravellersinn.com | Metro Sýntagma)*. Fürs Bett im Achtbettzimmer zahlt man maximal 12 Euro. Es gibt eine Bar im Garten, wo man gut Kontakte knüpfen kann. Gepäckaufbewahrung möglich.

ERLEBNISTOUREN

① ATHEN PERFEKT IM ÜBERBLICK

START: ① Omónia-Platz
ZIEL: ⑬ Páme Psirrí

Strecke: ➡ 6,5 km

1 Tag
reine Gehzeit
2 Stunden

KOSTEN: Eintrittsgelder 35 Euro/Person
MITNEHMEN: Schuhe mit rutschfesten Sohlen, Einkaufsbeutel

ACHTUNG: Am Eingang zur ⑤ Antiken Agorá Kombiticket lösen: Es gilt auch für ⑦ Akrópolis und ⑨ Diónysos-Theater sowie – bei Besuch innerhalb von 5 Tagen – für die Hadrian-Bibliothek und die Römische Agorá (s. Tour 2).

Diese Tour führt Sie rund um die Akrópolis und auf den Götterfelsen hinauf. Sie erleben stimmungsvolle Altstadtviertel, geschäftige Markthallen und die drei größten Plätze. Auch griechische Musik und etwas Shopping gehören zum Programm.

Sie wollen die einzigartigen Facetten dieser Stadt entdecken? Dann los! Noch einfacher wird es mit der Touren-App: Laden Sie sich die Tour über den QR-Code auf Seite 2/3 oder über die Webadresse in der Fußzeile auf Ihr Smartphone – damit Sie auch offline die perfekte Orientierung haben. Bei Änderungen der Tour ist die App auf dem neuesten Stand und weicht ggf. von den Erlebnistouren im Buch ab. In diesem Fall finden Sie in den Events & News (s. S. 2/3) die neueste Tour als PDF.

→ S. 2/3

09:00 Vom ❶ **Omónia-Platz → S. 46** mit seiner unterirdischen Metrostation **folgen Sie der Athinás-Straße,** auf der zahlreiche Straßenhändler die Bürgersteige säumen. Vorbei am Rathaus erreichen Sie Athens zentralen ❷ **Markt → S. 45**. Rechts werden unter freiem Himmel Obst, Gemüse und importierte Lebensmittel aller Art angeboten, links in über 100 Jahre alten Hallen Fleisch und Fisch, Nüsse, Oliven und Honig. **Die Athinás-Straße endet am Monastiráki-Platz → S. 46**, rechts neben der historischen Metrostation. Hier ersteigen Sie zunächst die

❶ Omónia-Platz

❷ Markt

Bild: Monastiráki-Platz

3 A for Athens

4 Flohmarktgasse Odós Iféstou

5 Antike Agorá

INSIDERTIPP **Dachterrasse** des Hotels ❸ **A for Athens** *(tgl. | aforathens.com)*, wo Sie bei einem Freddo Cappuccino oder Freddo Espresso den Rundumblick über die Altstadt auf die Akrópolis genießen. **Dann nehmen Sie rechts der Metrostation die** ❹ **Flohmarktgasse Odós Iféstou.** Lassen Sie sich Zeit zum Stöbern – vielleicht können Sie ja das ein oder andere Schnäppchen machen –, bevor Sie sich ins antike Athen begeben.

11:30 **Die Ifestou-Straße führt Sie zum Eingang** der parkähnlich angelegten ❺ **Antiken Agorá → S. 29**, wo Sie gut auf einer Parkbank im Angesicht der Akrópolis verschnaufen können. Bummeln Sie zum **Hephaistos-Tem-**

ERLEBNISTOUREN

pel → S. 30, schauen Sie in die byzantinische Kirche **Ágii Apóstoli** mit ihren mittelalterlichen Fresken hinein und **verlassen Sie die Agorá dann über ihre obere Pforte.** Vorbei am ❻ **Areopag-Felsen** → S. 38, den Sie kurz erklimmen sollten, kommen Sie nun zum Eingang der Akrópolis. Für die Besichtigung der ❼ **Akrópolis** → S. 32 benötigen Sie eine gute Stunde. Besonders ausgiebig sollten Sie sich den **Párthenon** → S. 36 und das **Erechtheion** → S. 35 ansehen. **Danach gehen Sie nach links** zur breiten archäologischen Fußgängerpromenade hinab, die Sie beim **Odeon des Herodes Atticus** → S. 41 erreichen. **Wenden Sie sich auch hier wieder nach links.**

14:30 Sie kommen nun zum ❽ **Akrópolis-Museum** → S. 37. Zunächst gönnen Sie sich auf der Terrasse der schicken **Museumscafeteria** ein leichtes Mittagessen im Anblick des Götterfelsens, dann widmen Sie sich eine Stunde lang den Exponaten und erwerben vielleicht noch ein „antikes" Souvenir im **Museumsshop**, bevor Sie sich wieder auf den Weg machen: Zunächst statten Sie **gleich gegenüber vom Museum dem** ❾ **Diónysos-Theater** → S. 39 einen Besuch ab. **Gleich neben dem Eingang beginnt die Odós Frasíllou. Folgen Sie ihr ein kurzes Stück und biegen Sie dann nach rechts in die Odós Théspidos ab. Sie überquert die Hauptsouvenirgasse Odós Adrianoú und führt als Odós Kidathinéon wieder leicht bergan weiter.** Links liegt nun der ❿ **Eissalon Latífis** *(tgl. | Odós Kidathinéon 30)*, der zu einer Pause bei leckerem Walnusskuchen mit Eis einlädt. **Die Odós Kidathinéon gehen Sie nun bis zur Hauptverkehrsstraße Odós Filellinon weiter, auf der Sie nach links zum Síntagma-Platz kommen.**

18:30 Am ⓫ **Síntagma-Platz** → S. 47 fotografieren Sie die Evzonen, die vor dem Parlamentsgebäude in ihren traditionellen Uniformen Wache halten. Danach bleibt Zeit für etwas Shopping in der Fußgängerzone ⓬ **Odós Ermoú** → S. 73, **die Sie an der byzantinischen Kirche Kapnikaréa vorbei wieder zum Monastiráki-Platz führt.** Zum griechischen Abendessen in stimmungsvollem Ambiente gehen Sie von dort ins Szeneviertel Psirrí. **Folgen Sie zunächst noch der Odós Ermoú, biegen Sie dann rechts erst in die Odós Agías Théklas und dann in die Odós Karaiskáki ab. Sie kommen zur Platía Iróon, von der Sie** nach wenigen Schritten auf der Odós Aristofánous die Musiktaverne ⓭ **Páme Psirrí** → S. 85 erreichen. Nach Mitternacht machen Sie dann die Clubs im Viertel unsicher.

❷ EIN TAG IM ALTSTADTVIERTEL PLÁKA

START: ❶ Monastiráki-Platz
ZIEL: ❾ Cine Paris

Strecke:
➡ 2 km

1 Tag
reine Gehzeit
1 Stunde

KOSTEN: Eintrittsgelder 10 Euro (oder Kombiticket, s. Tour 1), Trenáki 6 Euro, Kino 8 Euro, Einkehr 40 Euro – pro Person
MITNEHMEN: bequeme Schuhe, Einkaufsbeutel, Wasser

Im Altstadtviertel Pláka ist Athen besonders stimmungsvoll. Entspannte Besichtigungen antiker Stätten lassen sich mit ausgiebigem Shopping, einer kurzen Bahnfahrt, geruhsamer Kaffeepause und gutem Essen kombinieren. Den sommerlichen Ausklang bildet ein Kinobesuch mit Akrópolis-Blick.

12:00 Die Tour beginnt am stets sehr geschäftigen ❶ **Monastiráki-Platz → S. 46**, der den Übergang von der Pláka zum Markt- und zum Flohmarktviertel bildet. **Nehmen Sie die Straße, die zwischen der über 100 Jahre alten U-Bahn-Station und der kleinen ehemaligen Moschee hindurch direkt auf die vor Ihnen aufragende Akrópolis zuführt.** Schon gleich können Sie linker Hand das kleine, einem Garten ähnliche Ausgrabungsgelände der römischen ❷ **Hadrian-Bibliothek → S. 40** betreten. Nach einem Rundgang **wenden Sie sich dann nach links, biegen gleich wieder links ab,** werfen noch einmal einen Blick von oben in die Ausgrabungen hinein und gelangen **durch die Odós Dexípoou** auf die Rückseite des ehemaligen Bibliotheksgebäudes, an der Sie die grüne ❸ **Platía Agorá** erwartet. An der Platía fährt der **Trenáki** ab, ein Miniaturzug auf Gummirädern. Schauen Sie auf den Fahrplan, um nach einem leichten Mittagessen im **Restaurant Ydría** (tgl. | Odós Adrianoú 68 | Tel. 21 03 25 16 19 | €€) direkt an der Platía gegen 14 Uhr mit dem Bähnchen eine 40-minütige Rundfahrt durchs Pláka-Viertel zu unternehmen. Nach dieser Rundfahrt **gehen Sie an der Nordwestecke des Platzes die Odós Aiólou hinauf.**

15:00 Diese Straße führt Sie direkt auf die ❹ **Römische Agorá → S. 42** mit dem **Turm der Winde → S. 42**. Nach der Besichtigung des Ausgrabungsgeländes nehmen Sie **die auf der Ostseite der Agorá beginnende, schmale**

ERLEBNISTOUREN

Gasse Odós Kirrístou. Rechts geht die Treppengasse Odós Mnisikléous ab. An ihr liegen viele griechische **Musiktavernen**: Tipp für einen Folkloreabend! **Am oberen Ende der Gasse gehen Sie nach rechts und gleich darauf weiter nach links oben.** Nach etwa 20 m zweigt nach links **ein Fußweg ab,** der relativ steil an der kleinen, stets verschlossenen Kapelle Ágios Símeon vorbeiführt. Dieser Pfad bringt Sie zu einem der schönsten und auf jeden Fall stillsten ❺ INSIDER TIPP **Aussichtspunkte** der Stadt direkt vor der hohen Mauer des Akrópolis-Felsens. Hier werden Sie sicherlich gern etwas verweilen und einen Schluck aus Ihrer Wasserflasche nehmen. Sie sind jetzt am oberen Rand des winzigen Stadtviertels Anafiótika, des wohl romantischsten Teils der Pláka. Wenn Sie sich von diesem herrlichen Fleckchen lösen können, gehen Sie ein paar Schritte weiter und **nehmen dann die ersten Treppenstufen nach links unten,** die Sie durchs Herz von **Anafiótika** führen. **Sie überqueren die Odós Pritanéou und stoßen auf die Odós Lisíou, der Sie nach rechts folgen. Durch die Odós Fléssa**

❺ Aussichtspunkte

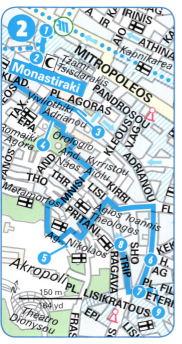

Eine Bougainvillea strahlt vor den Relikten der Hadrian-Bibliothek

101

6 Odós Adrianoú

7 Vrettós

8 Scholarcheion

9 Cine Paris

geht es dann hinab zur **6 Odós Adrianoú**: Die Hadriansstraße ist die Hauptsouvenirgasse der Altstadt. Hier können Sie sich nun etwa eine Stunde dem Shopping widmen. **Gehen Sie am besten zuerst nach links** bis zur Platía Agorá und dann auf der anderen Schaufensterseite **zurück bis zur Odós Kidathinéon.**

18:30 **Die Odós Kidathinéon gehen Sie nun ein paar Schritte aufwärts nach links,** und schon liegt rechter Hand eines der urigsten Weinlokale der Stadt, das **7 Vrettós → S. 87**. Bevor Sie dort auf ein Glas Wein oder einen Mokka einkehren, um die Atmosphäre zu schnuppern, schauen Sie noch **20 m weiter** auf die Infotafeln des Cine Paris, um zu sehen, welcher Film wann genau heute Abend läuft. Vom Abendessen in der originellen Taverne **8 Scholarcheion → S. 71** sind Sie jetzt nur 200 m entfernt. **Wenden Sie sich vom Vréttos aus nach links, und biegen Sie dann in die zweite Straße nach rechts ein, die Odós Tripodón.** An ihr liegt kurz darauf linker Hand die Taverne, in der Ihnen der Kellner die Köstlichkeiten des Hauses auf einem Tablett zur Auswahl serviert.

21:00 Im Dachgartenkino **9 Cine Paris → S. 84** erwartet Sie zum Tagesabschluss ein Kinoerlebnis besonderer Art: Sie sitzen im Freien unterm Sternenhimmel mit Blick auf die Akrópolis, schauen sich einen Film im englischen Original an und können sich an der Bar mit Drinks und Knabbereien versorgen.

3 GRÜNES UND KLASSIZISTISCHES ATHEN

START: 1 Síntagma-Platz
ZIEL: 10 Hotel Central

8 Stunden
reine Gehzeit
2 Stunden

Strecke:
➡ 7 km

KOSTEN: Eintrittsgelder 12 Euro, Bus 1,40 Euro, Standseilbahn 5 Euro, Einkehr 35 Euro – pro Person

Viel Stadtgrün steht im Mittelpunkt dieses ausgedehnten Spaziergangs, der Sie zu zwei grandiosen Aussichtspunkten, durchs Nobelviertel Kolonáki und zu drei der bedeutendsten Bauten der Athener Neuzeit führt. Sie erleben eine Fahrt mit der Standseilbahn, besichtigen zwei Museen und kehren in schönen Cafés ein.

ERLEBNISTOUREN

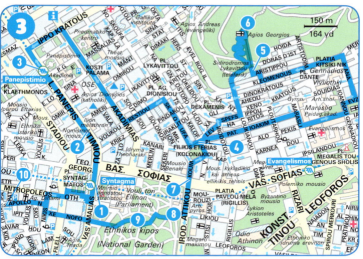

10:00 Pünktlich zu jeder vollen Stunde kommt Bewegung in die Evzonen, die vor dem Grabmal des Unbekannten Soldaten am ❶ **Síntagma-Platz → S. 47** Wache halten. Hier heißt es also: Fotos machen oder ein kurzes Video! Ist das erledigt, **gehen Sie auf der Prachtstraße Leofóros El. Venizélos** (im Volksmund wie früher noch Panepistimíou genannt) **200 m weiter bis zum ❷ Numismatischen Museum** *(Di–So 9–16 Uhr | Odós Panepistimíou 12)*, das sich der berühmte Altertumsforscher Heinrich Schliemann einst als seinen Stadtpalast erbauen ließ. Nach einem Rundgang können Sie im kleinen Café im idyllischen Garten des Museums einen Kaffee und vielleicht auch etwas Süßes genießen. **Danach gehen Sie 300 m weiter auf dem Panepistimíou-Boulevard** und sehen dann rechts die als ❸ **Athener Trilogie → S. 44** bekannten, sehr fotogenen klassizistischen Gebäude der Akademie, der Universität und der Nationalbibliothek. Für eine kleine Wegzehrung sorgen hier die ambulanten Kouloúri-Verkäufer, bei denen Sie sich einen dieser aromatischen Sesamringe besorgen können. **Hinter der Nationalbibliothek biegen Sie rechts in die Odós Ippokrátous ab und dann wieder rechts in die breite Leofóros Akadimías. Ihr folgen Sie bis zur Odós Voukourestíou, die Sie nach links aufwärts führt bis zur Odós Skoufá, der Sie nach rechts folgen.** An diesen beiden Straßen können Sie sich die Nase an den glit-

- ❹ Café Péros
- ❺ Talstation der Standseilbahn
- ❻ Likavittós
- ❼ Benáki-Museum
- ❽ Kaffeehaus O Kípos

zernden, schimmernden Schaufenstern besonders exquisiter Juweliergeschäfte und Modeboutiquen platt drücken. **Die Odós Skoúfa mündet auf den Kolonáki-Platz** (offiziell: Platía Filikís Eterías). Mischen Sie sich unter die Geschäftsleute, Anwälte und edelshoppenden Damen, die im eleganten ❹ Café Péros → S. 65 ihren Espresso oder Freddo Cappuccino genießen.

12:30 Auf der Innenseite des Platzes fährt **schräg gegenüber vom Café** der Stadtbus der Linie 60 ab, der durch das Edelviertel Kolonáki kurvt. **Sie verlassen ihn an der Haltestelle „4H Lykavittós", steigen die Stufen hinauf und stehen an der** ❺ **Talstation der Standseilbahn**, die Sie im Fels auf den höchsten Hügel des Athener Stadtgebiets hinaufbringt, den 277 m hohen ❻ **Likavittós** → S. 49. Vom Gipfel des Felsens aus eröffnet sich ein prächtiger Blick über ganz Athen bis nach Piräus und hin zur Insel Ägina. Haben Sie ihn ausgiebig genossen, gehen Sie zwischen herrlichen Agaven **den am Gipfel beginnenden Weg abwärts, der Sie in etwa 15 Minuten über die Platía Dexameni zurück zum Kolonáki-Platz bringt. Überqueren Sie den Platz und gehen Sie die kurze Odós Koumbári abwärts.** Wo sie auf den breiten Leofóros Vassilías Sofías mündet, steht rechter Hand das ❼ **Benáki-Museum** → S. 47. Hier können Sie zunächst einmal im **INSIDER TIPP** Panorama-Restaurant ein spätes Mittagessen genießen, bevor Sie sich der Besichtigung des Museums widmen. Im Museumsshop finden Sie besonders schöne kleine Geschenke und Souvenirs. Den Kaffee nehmen Sie aber nicht im Museum ein, **sondern 150 m weiter die Odós Irod. Attikoú hinab** im lauschigen ❽ **Kaffeehaus O Kípos** *(tgl.)* am Eingang zum Nationalgarten.

Kutter, Segelschiffe, Motoryachten, Ruderboote, Barkassen: der Mikrolímano in Piräus

ERLEBNISTOUREN

17:00 Später bummeln Sie zunächst durch die Parkanlagen der grünen Oase des ❾ **Nationalgartens** → S. 50 und folgen dabei den Wegweisern mit der Aufschrift „Amalías". Diesem Ausgang direkt gegenüber beginnt die **Odós Xenofóntos**, die auf die **Odós Níkis** mündet. Auf ihr gehen Sie wenige Meter nach rechts und biegen dann links in die schmale **Odós Apóllonos** ein. An dieser Straße liegt nach etwa 100 m links das unscheinbare ❿ **Hotel Central** → S. 18. Aber: Fahren Sie mit dem Lift auf den **Dachgarten** hinauf! Hier können Sie sich mit einem Sundowner im Anblick von Pláka und Akrópolis für den langen Spaziergang belohnen.

❾ Nationalgarten

❿ Hotel Central

4 DIE HÄFEN VON ATHEN

START: ❶ Tram-Haltestelle Trocaderó
ZIEL: ⓬ Ark

1 Tag
reine Gehzeit
2,5 Stunden

Strecke:
➡ 8,5 km zu Fuß, 21 km Tram und Metro

KOSTEN: Eintrittsgelder 7 Euro, Tagesticket Metro u. Tram 4,50 Euro, Einkehr 45 Euro – pro Person
MITNEHMEN: Im Sommer Handtuch und Badesachen

ACHTUNG: Die Tram-Linie T4 fährt in 36 Min. vom Síntagma-Platz zum Trocadéro.
Die Tram-Linie T5 fährt in 53 Min. vom Katráki- zum Síntagma-Platz.
Fahrpläne unter www.stasy.gr

Athen hat viele Häfen. Auf dieser Tour lernen Sie die Hafenstadt Piräus kennen, besteigen ein historisches Schlachtschiff und bestaunen ein antikes Kriegsschiff in Originalgröße. Sie besuchen zwei Museen, fahren mit der Straßenbahn die Küste entlang und essen in Glifáda direkt am Wasser unter Griechen zu Abend.

10:00 An der ❶ **Tram-Haltestelle Trocaderó** beginnt dieser Hafenspaziergang. **200 m entfernt** können Sie im ❷ **Trocaderó-Museumshafen** → S. 58 u. a. den Nachbau einer antiken Triere, eines sog. Dreiruderers, bestaunen und den wuchtigen Panzerkreuzer „Georgios Averoff" aus dem Jahr 1910 von der Brücke bis in den Maschinenraum hinein erkunden. **Danach steigen Sie wieder in die Tram und fahren bis zur** ❸ **Endstation am Karaiskáki-Stadion**, dem Stadion des Fußballvereins Olympiakós Piräus. **Dort wechseln Sie über eine Fußgängerbrücke die Straßenseite und fahren von der Metrostation Faliró eine Sta-**

❶ Tram-Haltestelle Trocaderó

❷ Trocaderó-Museumshafen

❸ Endstation am Karaiskáki-Stadion

④ Metro-Endbahnhof Piréas

⑤ Platía Karaiskáki ☕

⑥ Schifffahrtsmuseum 🏛

⑦ Café Bouboulínas 🍽

tion weit bis zum **④ Metro-Endbahnhof Piréas**. Steigen Sie aus der Metro, sind Sie gleich mittendrin im trubeligen Leben der Hafenstadt. **Sie überqueren die Küstenstraße auf einer Fußgängerbrücke, wenden sich nach links und kommen so schon nach zwei Minuten zur ⑤ Platía Karaiskáki** mit ihren vielen Schifffahrtsbüros und einigen Cafés. Von hier verkehren die Fähren zu den östlichen Kykladen, nach Mykonos, Síros und Tínos. Und nun schnuppern Sie weiterhin Hafenluft: Vorbei an den kleineren Fähren zu den Inseln im Saronischen Golf gehen Sie weiter zu den **Anlegestellen** der großen Dodekanes-Fähren. Am gegenüberliegenden Kai auf der anderen Hafenseite warten die besonders großen Kreta-Fähren auf ihre abendlichen Abfahrten, und voraus sehen Sie jetzt das internationale **Passagierterminal**, an dem Kreuzfahrtschiffe aus aller Welt festmachen. **Sie aber biegen von der Uferstraße an der Platía Nikoláou links ab und überqueren auf der Hauptverkehrsstraße Charíláos Trikoúpi die Halbinsel.** Dabei kommen Sie am sehenswerten Archäologischen Museum → S. 52 vorbei, dessen besonderer Schatz mehrere antike Bronzestatuen sind. Doch den Besuch heben Sie sich lieber für einen anderen Tag auf – denn heute geht es um Schiffe und Fische! Und nur wenige Meter weiter stehen Sie am Yachthafen **Zéa Marína** → S. 53, an dem Sie das interessante **⑥ Schifffahrtsmuseum** → S. 52 besuchen.

14:00 Nun ist endlich Zeit für eine Pause: Kehren Sie zu einem leichten Snack im **⑦ Café Bouboulínas** *(tgl. |*

ERLEBNISTOUREN

Platía Aléxandras 5 | Tel. 2104131367 | €) **am südlichen Ende der Zéa Marína** ein. So gestärkt geht es weiter, **immer am Ufer entlang.** Unterhalb der Straße liegt der im Sommer viel besuchte ❽ **Badestrand Votsalákia**, dem Sie einen erfrischenden Badebesuch abstatten sollten. Der nächste Stopp ist für den besonders fotogenen und kleinen Yacht- und Fischerhafen ❾ **Mikrolímano** → S. 52 geplant – fast direkt vor den Booten sitzen Sie hier im modernen **Café-Restaurant Mecca** *(tgl. | Aktí Koundouriótou 62 | Tel. 2104220138 | www.mecca.gr | €€)*, das auch gutes Eis serviert.

17:30 Vom Mikrolímano führt die Uferstraße nur noch **ein ganz kurzes Stück am Meer entlang und wendet sich dann als Fußgängern vorbehaltene Aktí Dilavéri landeinwärts.** Sie passieren die Kirche Panagía Mirtiótissa und gehen **ein paar Schritte weiter nach rechts bis zur** ❿ **Tram-Station Néo Faliró**. **Mit der Linie T3 fahren Sie** nun 30 Minuten immer an der Küste entlang, passieren Strände und Yachthäfen, große Musiklokale und den alten Flughafen Athens. An der ⓫ **Haltestelle Platía Esperídon in Glifáda verlassen Sie die Tram und gehen hinunter ans Wasser.** Hier erwartet Sie das ⓬ **INSIDER TIPP Ark** *(tgl. | Labráki Grigoríou 2 | Tel. 2108948882 | www.ark-glyfada.gr | €€–€€€)* als super gestyltes All-Day-Caférestaurant zum Aperol Spritz mit griechischem Mandarinenlikör, zu Seeigeln mit Johannisbrotbrot, der mit Salzwasser gekochten Fischsuppe *kakaviá* oder auch ganz feiner Küche.

107

MIT KINDERN UNTERWEGS

In Athen machen Kinder fast alles mit, was die Erwachsenen tun. Es gibt nur wenige Tabuzonen für sie. In Restaurants sind sie wie selbstverständlich auch am späten Abend noch mit dabei, die wenigen Kinderspielplätze sind bis weit in die Nacht hinein belebt. Da braucht man nicht viele spezielle Angebote und Einrichtungen für die Kleinen. Und was sie besonders interessiert, ist andererseits auch für manche Erwachsenen attraktiv. So bleibt die Familie zusammen.

ATTICA PARK (139 F3) (*M 0*)
In Griechenlands modernstem Zoo leben über 320 Vogelarten, Löwen, Tiger, Luchse, Zebras, Giraffen, Affen, Pinguine und anderes Getier. Auch selten gewordene heimische Tiere sind zu sehen: die kleinen, halbwilden Skýros-Pferde, kretische Wildziegen, Braunbären und Wölfe. Es gibt einen Schmetterlingsgarten und einen Streichelzoo – und natürlich genug Gelegenheiten zum Essen, Trinken und Verschnaufen. *Tgl. 9 Uhr bis Sonnenuntergang | Eintritt 18 Euro, Kinder 3–12 J. 14 Euro, unter 3 J. frei | At Yaloú | Spáta | www.atticapark.com | Autobahnausfahrt 16 Richtung Rafína | Bus 319 ab Metro Doukíssis Plakentías ca. alle 30 Min.*

ENTENTEICH IM NATIONALGARTEN (130 B6) (*M K4*)
Für die ganz Kleinen sicherlich gewohntes Glück: Im Nationalgarten füttern auch griechische Kinder gern die Enten. Fürs leibliche Wohl der Fütternden sorgen Sesamkringel- und Popcornverkäufer. *Tagsüber geöffnet | Eintritt frei*

PLANETARIUM (0) (*M 0*)
Das Eugenides Digital Planetarium gehört weltweit zu den modernsten seiner Art. In der interaktiven Ausstellungshalle können junge Forscher viel lernen und experimentieren, in der digitalen Himmelskuppel sind die Sonne und die Raumfahrt Themen, werden auch Filme gezeigt, können Besucher mit dem „Kleinen Prinzen" auf die Reise gehen. *Mi–Fr 17.30–20.30, Sa/So 10.30–20.30 Uhr | Eintritt 6–9 Euro, Kinder 4–5 Euro, Kopfhörer (engl.) 1 Euro | Odós Singroú 387 | Eingang Odós Pentélis 11 | Bus B2, E2, 550*

PUPPEN- UND SCHATTENSPIELTHEATER (127 E5) (*M J5*)
Auch wenn man kein griechisches Wort versteht, können solche Theater amüsant sein. Allein die Stimmung der griechischen Kinder ist schon mitreißend genug. Zentral liegt das Puppen- und

Tropfsteinhöhle, Badesee, Zoo und Achterbahn sind Attraktionen, die Groß und Klein gleichermaßen Spaß machen

Schattenspieltheater *Figoúres ke koúles* (Vorstellungen Okt.–Mai So 11.30, oft auch 13.30 Uhr, manchmal auch an anderen Tagen | Eintritt 5–7 Euro | Odós Tripodón 30 | Pláka | Tel. 21 03 22 75 07 | www.fkt.gr).

SEE VON VOULIAGMÉNI ●
(139 E4) (*0*)
Frei- und Hallenbäder darf man in Griechenland nur gegen Vorlage einer Gesundheitsbescheinigung betreten. Wer hat die schon dabei? Trotzdem kann man auch in der kalten Jahreszeit baden gehen: vor imposanter Felskulisse im flachen See von Vouliagméni, dessen Wassertemperatur Thermalquellen ständig über 20 Grad halten. *Tagsüber geöffnet | Eintritt 9 Euro, Sa/So 10 Euro, Kinder (6–12 J.) 5,50 Euro | www.limnivouliagmenis.gr | Bus 122 ab Metrostation Ellinikó*

SUPERBOWL (0) (*A4*)
Pingpong, Billard, Bowling, Roller Skating: Zum Spaß für die ganze Familie wird ein Besuch in Athens größtem und modernstem Bowlingzentrum. 25 Bahnen, dazu zehn Tischtennis- und 28 Billardtische stehen zur Verfügung. Popcorn und Cola gibt es selbstverständlich auch. *Tgl. 11–1 Uhr | Preisbeispiel: Bowling-Runde Mo–Do 3,50 Euro/Pers., Fr–So 4,50 Euro/Pers. | Odós Kanapitséri 10 | Ágios Ioánnis Réndis | www.superbowl.gr | Trolleybus 20*

TROPFSTEINHÖHLE VON PEANÍA ●
(139 F3) (*0*)
Durch die auf 550 m Höhe am Hang des Ymettós liegende Höhle finden halbstündlich Führungen statt. Ebenso reizvoll wie die Unterwelt ist der Blick vom Vorplatz aus auf den Athener Flughafen. *Tgl. 8–14.30 Uhr | Eintritt 4 Euro, Kinder (3–12 J.) 2 Euro | Koutoúki Cave, 4 km außerhalb von Peanía (dort ausgeschildert), Autobahnausfahrt 18 Richtung Peanía | Metro bis Doukíssis Plakentías, dann Bus 310 bis Peanía, von dort Taxi*

EVENTS, FESTE & MEHR

→ S. 2/3

Die beweglichen Feiertage richten sich nach dem Julianischen Kalender und fallen nur ausnahmsweise mit unseren gleichnamigen zusammen.

EVENTS & FESTIVALS

FEBRUAR
Vive le Punk Rock: bedeutendstes Punk-Festival des Balkans an einem Wochenende im *Tres (Odós Zoodochou Pigís 3)* im Studentenviertel Exarchía, aktuelle Infos auf Google/Facebook

MÄRZ/APRIL
Karneval: Am letzten Karnevalswochenende (8.–10. März 2019, 28. Feb.–1. März 2020) verwandeln sich die Gassen und Tavernen in der Pláka in eine Hochburg kostümierter Narren. Der Höhepunkt folgt dann aber am Rosenmontag: Oben auf dem Philopáppos-Hügel **(126 A5) (ௐ G5)** INSIDERTIPP lassen Tausende Familien Drachen steigen.
Nationalfeiertag am 25. März: vormittags Kranzniederlegung am Síntagma-Platz. Fotogen: die vielen Schüler und Schülerinnen in historischen Trachten
Karfreitag: gegen 21 Uhr feierliche Prozessionen in allen Stadtvierteln; am eindrucksvollsten die ab der Mitrópolis

Ostersamstag: Gegen 23 Uhr beginnt in allen orthodoxen Kirchen der Ostergottesdienst, der auch auf die Kirchhöfe übertragen wird. Nach der Verkündigung von Christi Auferstehung gegen Mitternacht gibt es ein Feuerwerk, besonders stimmungsvoll INSIDERTIPP in und vor der alten Kirche Kapnikaréa. Den Erzbischof und führende griechische Politiker sieht man vor der Mitrópolis.

ENDE MAI/ANFANG JUNI
Europäisches Jazzfestival: fünf Tage Straight-Jazz, Funk, Jazzrock und Ethnic-Jazz im Technópolis. 20 Bands aus aller Welt, 30 000 Besucher *Eintritt frei | Odós Piréos 100 | Gázi*

JULI
Rockwave Festival: Griechenlands größtes Open-Air-Rockfestival dauert 2–3 Tage. 2018 war z. B. Iron Maiden zu Gast. *Terra Vibe, 37 km nördlich von Athen | Sonderbusse ab Bahnhof Larísis | www.rockwavefestival.gr*

JULI
Likavittós-Festival: Im Freilichttheater auf dem Likavittós widmet man sich an etwa zwölf Abenden ganz der Pop- und Rockmusik in allen Variationen. Auch Bob

In Athen ist immer viel los: Im Sommer feiert die Kultur unterm Sternenhimmel Triumphe, im Winter ist der Karneval das größte Fest

Dylan und die Scorpions sind hier schon aufgetreten. *Abendkasse ab 19 Uhr*

JULI/AUGUST

⭐ ***Athens Festival:*** Oper, Ballett, Konzerte, antikes und modernes Theater, Musical und mehr im antiken Odeon des Herodes Atticus – ein Erlebnis für alle Sinne, präsentiert von renommierten Künstlern, Orchestern und Ensembles aus aller Welt. Tickets: *Hellenic Festival Box Office (Stóa Pesmazóglou | Leofóros Panepistímiou 39 | Tel. 21 03 27 20 00 | www.greekfestival.gr)*

AUGUST

August Moon Festival: Alljährlich sind in der ersten Vollmondnacht im August viele archäologische Stätten Athens geöffnet und wie die römische Agorá Schauplatz kultureller Veranstaltungen.

SEPTEMBER

Athens International Film Festival: 10 Tage lang über 50 Spielfilme in verschiedenen Kinos, teilweise von Regie-Debütanten, teilweise aktuelle Festivalgewinner anderswo, dazu viele Partys und zahlreiche Kurzfilme *www.en.aiff.gr*

FEIERTAGE

1. Jan.	Neujahr
6. Jan.	Hl. Drei Könige
11. März 2019, 2. März 2020	
	Rosenmontag
25. März	Nationalfeiertag
26. April 2019, 17. April 2020	
	Karfreitag
29. April 2019, 20. April 2020	
	Ostermontag
1. Mai	Tag der Arbeit
17. Juni 2019, 8. Juni 2020	
	Pfingstmontag
15. Aug.	Mariä Entschlafung
28. Okt.	Nationalfeiertag
25./26. Dez.	Weihnachten

LINKS, BLOGS, APPS & CO.

LINKS & BLOGS

www.athensguide.com Umfangreiche, sehr gute englischsprachige Internetseite mit detaillierten Infos zu Athen, aktuellen Öffnungszeiten und Eintrittspreisen, Links zu Übernachtungsmöglichkeiten und einigen Webcams

www.stoa.org/athens Die Archäologen Kevin Glowacki und Nancy Klein aus Texas zeigen auf dieser einfachen Website viele gute Fotos, außerdem Infos, Links und eine Bibliografie zu den wichtigsten archäologischen Stätten

www.thisisathens.org Über 5000 Fotos kann das Foto-Sammel-Projekt „This is Athens" der Stadt Athen vorweisen. Die Community sammelt Fotos von Laien und Profis, um möglichst viele Impressionen von Athen zu präsentieren

www.marcopolo.de/athen Ihr Online-Reiseführer mit allen wichtigen Informationen, Highlights und Tipps, interaktivem Routenplaner, spannenden News & Reportagen sowie inspirierenden Fotogalerien

www.in-greece.de/athen/forum In diesem deutschsprachigen Forum werden von zahlreichen alten und neuen Athen-Freunden vielerlei Themen, Fragen und Ansichten diskutiert

www.facebook.com/cityofathens Auf der Pinnwand der Facebook-Gruppe der Stadt Athen tauscht sich die Community aus aller Welt über Nightlife, Restaurants, Veranstaltungen, Aktivitäten und vieles mehr aus (englisch)

short.travel/ath5 Wissenswerte Tweets mit aktuellen Reisetipps und Trends für Athen und andere Ziele in Griechenland, aber auch aktuelle Nachrichten erreichen Sie regelmäßig auf diesem Twitter-Blog

www.viva.gr Die Top-Site für alle, die in Athen ins Livekonzert wollen. Events werden oft schon lange im Voraus angekündigt, Tickets sind direkt zu kaufen und auszudrucken

Egal, ob für Ihre Reisevorbereitung oder vor Ort: Diese Adressen bereichern Ihren Urlaub. Da manche sehr lang sind, führt Sie der short.travel-Code direkt auf die beschriebenen Websites. Falls bei der Eingabe der Codes eine Fehlermeldung erscheint, könnte das an Ihren Einstellungen zum anonymen Surfen liegen

www.athenscoast.com Im Sommer eine der wichtigsten Websites: Infos und Blogs, was an der attischen Küste und an den Stränden Athens passiert

www.whyathens.com Ausführlicher, reich illustrierter und stets aktueller Guide nicht nur zu den Top-Events in Athen

www.greece-athens.com/video Ein Dutzend kurze Einblicke in verschiedene Stadtbezirke Athens

VIDEOS

short.travel/ath3 Etwa 30 Videos unterschiedlicher Länge, insbesondere zur Akrópolis, dem Párthenon und dem Akrópolis-Museum

short.travel/ath4 Virtuelle Tour durch Athen. Aufgenommen von verschiedenen Standpunkten mit Sehenswürdigkeiten und Infotexten

APPS

GreekImages Mit dieser kostenlosen App kaufen und senden Sie Postkarten mit außergewöhnlichen Motiven des Fotografen Costas Vergas auf elektronischem Weg

Walking in ancient Greece Tour in Athens Für alle Fans des antiken Athen wird mit dieser App ein englischsprachiger Audio Guide angeboten, der Besucher durch die wichtigsten archäologischen Stätten führt

Greek Gods Free Diese App erzählt Ihnen viel über mehr als 300 griechische Götter und Helden, auf deren Namen Sie in den Museen und Tempeln stoßen

ATH Airport Sehr gute, kostenlose App des Athener Flughafens mit Infos zu aktuellen Flugzeiten, Parkmöglichkeiten, den Verbindungen mit öffentlichen Verkehrsmitteln in die Stadt und den aktuellen Taxipreisen (englisch)

Jourist Weltübersetzer Kostenpflichtige App, die nicht nur neugriechische Vokabeln, sondern auch Redewendungen kennt

Marine Traffic Ideale App für Ihren Besuch in Piräus. Sie erfahren viel über die Schiffe, die Sie im Hafen oder auch im Vorüberfahren sehen, und wissen, woher sie kommen oder wohin sie fahren. Weltweit einsetzbar

PRAKTISCHE HINWEISE

ANREISE

Athen ist täglich mit zahlreichen Flughäfen in den deutschsprachigen Ländern verbunden (Flugzeit ab Frankfurt ca. 160 Minuten).
Zwischen dem Flughafen *(www.aia.gr)* und dem Síntagma-Platz im Zentrum verkehrt rund um die Uhr ein Bus. Fahrkarten (6 Euro) kaufen Sie am Schalter an der Haltestelle. Taxis stehen in großer Zahl am Flughafen bereit; für die Fahrt ins Zentrum gilt ein offizieller Einheitstarif (38 Euro, 24–5 Uhr 50 Euro). Die Metrolinie 3 verbindet den Flughafen mit dem Síntagma- und dem Monastiráki-Platz im Zentrum. Vom gleichen Flughafenbahnhof fährt der Vorortzug *proastiakó* zum Athener Hauptbahnhof Larísis.

Tickets (8 Euro/Person, 15 Euro/2 Pers.) für beide gibt es im Bahnhof.

Direkte Fährverbindungen zwischen Italien und Piräus gibt es nicht. Sie müssen von Venedig, Ancona oder Triest nach Patras übersetzen.

Mit dem Auto können Sie auch über den Balkan anreisen, Infos dazu bei den Automobilclubs.

Eine Bahnfahrt nach Athen ist strapaziös und mit mehrmaligem Umsteigen verbunden. Linienbusse fahren von den deutschsprachigen Ländern aus nur bis Thessaloníki.

AUSKUNFT

GRIECHISCHE ZENTRALE FÜR FREMDENVERKEHR
– *Holzgraben 31 | 60313 Frankfurt/M. | Tel. 069 2578270 | www.visitgreece.com.de*
– *Opernring 8 | 1010 Wien | Tel. 01 5125317 | grect@vienna.at*

GRIECHISCHE ZENTRALE FÜR FREMDENVERKEHR (EOT) (127 D6) (*J5*)
Odós Dionýsiou Areopagítou 18–20 | Makrygiánni (gegenüber vom Akrópolis-Museum) | Tel. 2103310392. Außerdem auf der Ankunftsebene des Flughafens: *Tel. 2103545101*
www.cityofathens.gr ist die englischsprachige Homepage der Stadt Athen.

GRÜN & FAIR REISEN

Auf Reisen können auch Sie viel bewirken. Behalten Sie nicht nur die CO_2-Bilanz für Hin- und Rückreise im Hinterkopf *(www.atmosfair.de; de.myclimate.org)* – etwa indem Sie Ihre Route umweltgerecht planen *(www.routerank.com)* – , sondern achten Sie auch Natur und Kultur im Reiseland *(www.gate-tourismus.de)*. Gerade als Tourist ist es wichtig, auf Aspekte wie Naturschutz *(www.nabu.de; www.wwf.de)*, regionale Produkte, wenig Autofahren, Wassersparen und vieles mehr zu achten.
Wenn Sie mehr über ökologischen Tourismus erfahren wollen: europaweit *www.oete.de*; weltweit *www.germanwatch.org*

AUTO

Höchstgeschwindigkeit in Städten 50 km/h, auf Landstraßen 90 km/h, auf Schnellstraßen 110 km/h, auf Autobahnen 120 oder 130 km/h. Promillegrenze 0,5; für Motorradfahrer und Fahrer von

Von Anreise bis Zoll

Urlaub von Anfang bis Ende: die wichtigsten Adressen und Informationen für Ihre Athen-Reise

Wohnmobilen mit über 3,5 t Gesamtgewicht 0,1. Es besteht Anschnallpflicht. Falsches Parken kostet mindestens 50 Euro.

DIPLOMATISCHE VERTRETUNGEN

DEUTSCHE BOTSCHAFT
(130 C5) (*L4*) Odós Karaolí ke Dimitríou 3 | Tel. 210 72 85 111 | www.athen.diplo.de

ÖSTERREICHISCHE BOTSCHAFT
(130 B2) (*K4*) Leofóros Vasilíssis Sofías 4 | Tel. 210 72 57 2 70 | www.aussenministerium.at/athen

SCHWEIZER BOTSCHAFT
(131 D5) (*L3*) Odós Iassiou 2 | Tel. 210 72 30 3 64 | www.eda.admin.ch/athens

EINREISE

Es genügt ein gültiger Personalausweis. Kinder bis zum 12. Lebensjahr benötigen einen Kinderpass mit Lichtbild.

EINTRITTSPREISE

Wer sich viel anschauen will, fährt mit Kombitickets günstig. In Athen gibt es zwei davon:
Ausgrabungskombi: 30 Euro (ab 65 Jahre 15 Euro), gültig 5 Tage für den jeweils einmaligen Besuch von Akrópolis, Antiker Agorá mit Museum, Römischer Agorá, Hadrian-Bibliothek, Tempel des Olympischen Zeus, Lyzeum des Aristoteles und Kerameikós samt Museum.
Museumskombi: 15 Euro (ab 65 Jahre 8 Euro), gültig 3 Tage für den jeweils einmaligen Besuch von Archäologischem Nationalmuseum, Epigraphischem Museum, Numismatischem Museum im Schliemann-Haus und Byzantinischem Museum.
Schüler und Studenten aus EU-Ländern haben in staatlichen Museen und zu allen archäologischen Stätten freien Eintritt, Menschen ab 65 Jahren erhalten Ermäßigung. ● Und an einigen Tagen im Jahr ist der Eintritt zu archäologischen Stätten und Museen für jedermann frei. Den Vogel schießt das Benáki-Museum ab: Es gewährt an jedem Donnerstag im Jahr freien Eintritt für alle.

WAS KOSTET WIE VIEL?

Kaffee	2,50 Euro für einen Mokka
Taxi	68 Cent pro km in der Stadt
Souvenir	ab 2 Euro für ein Komboloi-Kettchen
Wein	5 Euro für den Halbliterkrug Retsina
Sommerkino	8 Euro für die Eintrittskarte
Gýros	2,20 Euro für eine Portion mit pitta (Fladenbrot)

GELD & PREISE

Bargeld erhalten Sie am günstigsten per EC-/Maestro-Karte aus den vielen Bargeldautomaten der Banken. Gebühren werden pauschal und unabhängig von der Höhe der Abhebung berechnet. Banken und Postämter lösen Reiseschecks ein und wechseln Devisen. *Öffnungszeiten der Banken Mo–Do 8–14, Fr 8–13.30 Uhr, am Flughafen rund um die Uhr*

Das Athener Preisniveau entspricht dem deutscher Großstädte. Hotels der unteren Kategorie, Zigaretten und öffentliche Verkehrsmittel sind billiger; Benzin, Parkgebühren und viele Lebensmittel sind teurer als bei uns.

GESUNDHEIT

Ärzte, Apotheken und Krankenhäuser gibt es in ausreichender Zahl. Die Ausbildung der Ärzte ist gut, die technische Ausrüstung von Praxen und Kliniken lässt in den meisten Fällen allerdings zu wünschen übrig. Bei ernsthaften Verletzungen oder Erkrankungen empfiehlt sich daher eine vorzeitige Heimreise, deren Kosten durch eine Reisekrankenversicherung gedeckt sein sollten.

Zwischen Deutschland und Österreich besteht ein Sozialversicherungsabkommen mit Griechenland. Die „European Health Insurance Card" (EHIC) der gesetzlichen Krankenversicherungen wird aber nur von einigen Kassenärzten und staatlichen Krankenhäusern akzeptiert. Daher sollten Sie unbedingt eine Auslandskrankenversicherung abschließen.

INTERNETZUGANG & WLAN

Kostenloser WLAN-Zugang ist in Athen vielerorts möglich: In Cafés, Tavernen, Hotels, an vielen ● öffentlichen Plätzen, im gesamten Flughafenterminal, im Fährhafen von Piräus – und sogar auf der Akrópolis und im Archäologischen Nationalmuseum. Da braucht man keine Internetcafés mehr.

KARTENVORVERKAUF

Karten für Veranstaltungen im Herodes-Atticus-Theater, im Likavittós-Theater und im antiken Theater von Epidauros erhalten Sie beim *Hellenic Festival Box Office* **(130 A4)** *(*🕮 *J3)* *(Mo–Fr 9–17, Sa 9–15 Uhr | Leofóros Panepistímiou 39 | Stóa Pesmazóglou | Tel. 21 03 27 20 00 | www.greekfestival.gr)*, im Internet sowie an der Abendkasse. Auch für Nationaloper und -theater sowie die Konzerthalle *Mégaro Mousikís Athinón* sind Ticketkäufe im Internet möglich. Für alle anderen Theater und Konzerte bekommen Sie sie an der jeweiligen Theaterkasse.

MIETWAGEN

Es gibt viele Autovermieter. Das Alter des Fahrers muss mindestens 21 Jahre betragen; der eigene nationale Führerschein genügt. Die Preisskala beginnt bei etwa 120 Euro für drei Tage inkl. Versicherung, ohne Kilometerbegrenzung.

NOTRUF & NOTARZT

Der Sprache wegen am besten über die Hotelrezeption. *Krankenwagen, Polizei, Feuerwehr: Tel. 112*

ÖFFENTLICHE VERKEHRSMITTEL

Das Rückgrat des Athener Verkehrsnetzes bildet die U-Bahn *(metró)* mit drei Linien. Außerdem verkehren zahlreiche Busse und Trolleybusse. In allen U-Bahn-Stationen hängen Streckenübersichten, die auch die Busanschlüsse aufführen (nur auf Griechisch); an den Bushaltestellen hängen Übersichtstafeln mit den Haltestellen aller von dort verkehrenden Linien (auf Griechisch). Busse und Bahnen verkehren täglich von 5.30 bis 24 Uhr.

PRAKTISCHE HINWEISE

Fahrkarten gelten für alle Verkehrsmittel. Man muss sie vor Fahrtantritt lösen. Sie können sie in allen Metrostationen an Schaltern und Automaten kaufen. Fahrkartenschalter gibt es auch an zentralen Bushaltestellen, Fahrkartenautomaten an den meisten Straßenbahnhaltestellen.

Einzelfahrscheine für alle Verkehrsmittel – außer für die Flughafenbusse und die Metro- und Vorortzuglinie zum Flughafen – kosten 1,40 Euro und sind 90 Minuten lang gültig.Umsteigen ist erlaubt. Kinder bis 6 Jahre reisen kostenlos, junge Leute zwischen 7 und 17 Jahren, Studenten bis 25 Jahre sowie Senioren ab 65 Jahre zahlen den halben Fahrpreis; diese ermäßigten Tickets gibt es nicht an Automaten, sondern nur an Fahrkartenschaltern. Ein Ticket für den Flughafenbus kostet 6 Euro, die Flughafenmetro 8 Euro (für 2 Personen oder Hin- und Rückfahrticket 14 Euro). Ein Tagesticket für alle Verkehrsmittel (außer Flughafen) kostet 4,50 Euro, ein Wochenticket 14 Euro.

Eine moderne Straßenbahn, *tram* genannt, verbindet den Síntagma-Platz mit der Küste am Saronischen Golf. Linie 4 fährt dabei nach Néo Falíró, Linie 5 nach Glifáda. Linie 3 verbindet Néo Falíró mit Glifáda und fährt auf einer eigenen Trasse immer direkt am Meer entlang.

Entfernter liegende Ausflugsziele erreichen Sie mit Linienbussen, die von drei verschiedenen Busbahnhöfen abfahren: *Leofóros Kifissoú 100* **(139 E3)** *(*$\varnothing$ *0) (zu erreichen ab Omónia-Platz mit Bus 051); Leofóros Liossíon 260* **(139 E3)** *(*$\varnothing$ *0) (zu erreichen ab Síntagma-Platz mit Bus 024); Odós Mavromatéon | Leofóros Alexándras/Pedíon Aréos* **(130 A1–2)** *(*$\varnothing$ *J1) (Metro bis Viktória).*
www.oasa.gr: Fahrplanauskunft, Preise und Kartenansicht der Metro, Bahnen und Busse; dazu Routenplaner und Aktuelles zu Streiks bei den öffentlichen Verkehrsmitteln (griechisch und englisch).

ÖFFNUNGSZEITEN

Viele Museen und archäologische Stätten öffnen saisonabhängig. Winterzeiten gelten von November bis März. Mit kurzfristigen Änderungen der Öffnungszeiten muss man stets rechnen. Urlaub machen die Athener bevorzugt zwischen dem 1. und 20. August. Viele Geschäfte und Restaurants außerhalb des Zentrums sind dann geschlossen, und Athen wirkt fast wie eine verschlafene Kleinstadt.

POST

Postämter gibt es in allen Stadtteilen sowie am Flughafen. Ein Hauptpostamt liegt am *Síntagma-Platz/Odós Mitropóleos* **(127 F3)** *(*$\varnothing$ *J4)*, geöffnet ist es meist *Mo–Fr 7.30–15 Uhr*. Einige Postämter sind länger geöffnet.

SPRACHE

Die Griechen sind stolz auf ihre eigene Schrift, die von keinem anderen Volk der Welt geschrieben wird (die Slawen benutzen das nur teilweise ähnliche kyrillische Alphabet). Für Aufschriften und Straßenschilder wird häufig zusätzlich Lateinschrift verwendet. Trotzdem ist es sehr hilfreich, das griechische Alphabet zu kennen (siehe Kasten auf S. 120). Eine einheitlich praktizierte Umschrift gibt es nicht.

In diesem Buch sind die Namen so geschrieben, dass man sie möglichst korrekt aussprechen kann. Vor Ort finden Sie sie auch in anderen Schreibweisen: Die Griechen haben keinen Duden. Betont wird immer der Vokal, der den Akzent trägt. Die richtige Betonung ist für das Verstandenwerden sehr wichtig.

STADTTOUREN

Geführte halbtägige Stadtrundfahrten mit dem Bus bieten mehrere Veranstalter an; sie können in den meisten Hotels und in vielen Reisebüros gebucht werden. Meistens beinhalten sie einen Besuch der Akrópolis und des Akrópolis-Museums (ca. 70 Euro). Stadtrundfahrten durch Athen und Piräus (je 18 Euro; 10 Prozent Rabatt bei Internetbuchung) mit Audioguide ermöglichen Doppeldecker-Cabrio-Busse verschiedener Firmen. An etwa 20 Haltestellen nahe bedeutenden Sehenswürdigkeiten kann man aussteigen und mit einem der nächsten Busse weiterfahren.

Kein Besucher muss ohne Griechen durch Athen bummeln. 120 Männer und Frauen jeden Alters der Initiative **INSIDER TIPP** *My Athens* (www.myathens.thisisathens.org) warten darauf, Sie kostenlos begleiten zu dürfen. Nicht in Museen und Ruinen, sondern im Athen von heute. Shopping oder Hausbesetzerszene, Graffiti oder Kaffeehäuser – Sie wählen das Thema. Termin und Treffpunkt wird auf der Website verabredet. Trinkgeld ist unerwünscht, Freundlichkeit wird erwartet.

STRASSENNAMEN

Groß-Athen war bis Anfang 2011 ein Konglomerat aus 37 selbstständigen Gemeinden, die alle für die Benennung ihrer Straßen selbst zuständig waren. Deswegen gibt es viele Straßennamen in Athen mehrfach – in Extremfällen bis zu 30-mal. Wenn Sie also eine bestimmte Straße suchen, sollten Sie un-

WETTER IN ATHEN

	Jan.	Feb.	März	April	Mai	Juni	Juli	Aug.	Sept.	Okt.	Nov.	Dez.
Tagestemperaturen in °C	14	14	16	20	25	30	33	33	29	23	19	15
Nachttemperaturen in °C	7	7	8	11	16	20	23	23	19	15	12	9
Sonnenschein Stunden/Tag	4	6	6	8	10	12	13	12	10	7	5	5
Niederschlag Tage/Monat	8	4	6	4	4	1	1	1	2	5	7	8
Wassertemperaturen in °C	14	14	14	15	18	22	24	24	23	21	19	16

PRAKTISCHE HINWEISE

bedingt auch wissen, in welcher ehemaligen Athener Teilstadt sie liegt. Die in diesem Buch aufgeführten Adressen liegen fast alle in der Stadtgemeinde Athen selbst und dort wiederum in den zentralen Stadtvierteln wie Pláka, Psirrí oder Kolonáki. In allen anderen Fällen ist der Name der jeweiligen Stadtgemeinde angegeben.

TAXI

Taxifahren in Athen ist billig. Dadurch sind Taxis häufig knapp. Viele Fahrer nehmen mehrere Fahrgäste gleichzeitig mit, trotzdem muss jeder den vollen Fahrpreis bezahlen. Es gibt viele Taxistände, Taxis können aber auch am Straßenrand angehalten werden. Alle Taxis sind mit Taxametern ausgerüstet. Bequemer und nur geringfügig teurer ist die Fahrt mit Funktaxis, die Sie sich in Hotels und Restaurants rufen lassen können. Sie nehmen unterwegs keine weiteren Fahrgäste auf.

TELEFON & HANDY

Funktionierende öffentliche Kartentelefone gibt es kaum noch, Griechenland telefoniert mobil. Die Flächendeckung ist exzellent. Roaming-Gebühren fürs Telefonieren und Surfen fallen innerhalb der EU nicht mehr an.

Alle griechischen Telefonnummern außer Notrufnummern sind zehnstellig; eine Ortsvorwahl gibt es nicht. Vorwahl Deutschland 0049, Österreich 0043, Schweiz 0041, anschließend Ortsvorwahl ohne die Null. Nach Griechenland Vorwahl 0030, dann die zehnstellige Rufnummer.

TRINKGELD

Handhabung wie bei uns; Beträge unter 50 Cent sind beleidigend. Man lässt das Trinkgeld beim Gehen dezent und wortlos auf dem Tisch liegen.

VERANSTALTUNGSKALENDER

Ein umfassender wöchentlicher Veranstaltungskalender in griechischer Sprache ist „Athinoráma". Er ist an allen Kiosken erhältlich. Wöchentlich Veranstaltungstipps gibt auch die „Griechenland-Zeitung" (*www.griechenland.net*). Eher konventionelle Kulturveranstaltungen findet man auf *www.whyathens.com* und *www.thisisathens.org*. Musikevents sind auch auf der Homepage der Ticketagentur *VIva (www.voiva.gr)* zu finden.

ZEIT

In Griechenland ist es eine Stunde später als in Mitteleuropa. Die Zeitumstellung (Winter-/Sommerzeit) erfolgt zeitgleich.

ZEITUNGEN

Fremdsprachige Zeitungen sind im Zentrum am Abend des Erscheinungstags, sonst einen Tag später zu bekommen. Die größte Auswahl finden Sie in den Läden und Kiosken am Síntagma- und am Kolonáki-Platz.

Mittwochs erscheint die deutschsprachige „Griechenland-Zeitung". Ihre Website *www.griechenland.net* liefert Neuigkeiten und einige Reiseberichte rund um Griechenland und Athen.

ZOLL

Waren zum persönlichen Gebrauch dürfen von EU-Bürgern zollfrei ein- und ausgeführt werden (u. a. bis zu 800 Zigaretten und 20 l Spirituosen). Für die Einfuhr in die Schweiz gelten andere Obergrenzen: 250 Zigaretten, 1 l Spirituosen und 10 l Wein.

SPRACHFÜHRER GRIECHISCH

AUSSPRACHE

Zur Erleichterung der Aussprache sind alle griechischen Wörter mit einer einfachen Aussprache (in der mittleren Spalte) versehen. Folgende Zeichen sind Sonderzeichen:

- ´ die nachfolgende Silbe wird betont
- ð wie englisches „th" in „the", mit der Zungenspitze hinter den Zähnen
- θ wie englisches „th" in „think", mit der Zungenspitze zwischen den Zähnen

Α	α	a	Η	η	i	Ν	ν	n	Τ	τ	t
Β	β	v, w	Θ	θ	th	Ξ	ξ	ks, x	Υ	υ	i, y
Γ	γ	g, i	Ι	ι	i, j	Ο	ο	o	Φ	φ	f
Δ	δ	d	Κ	κ	k	Π	π	p	Χ	χ	ch
Ε	ε	e	Λ	λ	l	Ρ	ρ	r	Ψ	ψ	ps
Ζ	ζ	s, z	Μ	μ	m	Σ	σ, ς	s, ss	Ω	ω	o

AUF EINEN BLICK

ja/nein/vielleicht	nä/'ochi/'issos	ναι/ όχι/ίσως
bitte/danke	paraka'lo/'efcharis'to	παρακαλώ/ευχαριστώ
Entschuldige!	sig'nomi	Συγγνώμη!
Entschuldigen Sie!	mä sig'chorite	Με συγχωρείτε!
Darf ich …?	Äpi'träppäte …?	Επιτρέπεται …?
Wie bitte?	O'riste?	Ορίστε?
Ich möchte …/	'Thälo …/	Θέλω …/
Haben Sie …?	'Ächäte …?	Έχετε …?
Wie viel kostet …?	'Posso 'kani …?	Πόσο κάνει …?
Das gefällt mir (nicht).	Af'to (dhän) mu a'rässi.	Αυτό (δεν) μου αρέσει.
gut/schlecht	ka'llo/kak'ko	καλό/κακό
zu viel/viel/wenig	'para pol'li/pol'li/'ligo	πάρα πολύ/πολύ/λίγο
alles/nichts	ólla/'tipottal	όλα/τίποτα
Hilfe!/Achtung!/ Vorsicht!	Wo'ithia!/Prosso'chi!/ Prosso'chi!	Βοήθεια!/Προσοχή!/ Προσοχή!
Krankenwagen	asthäno'forro	Ασθενοφόρο
Polizei/ Feuerwehr	astino'mia/ pirosvästi'ki	Αστυνομία/ Πυροσβεστική
Verbot/ verboten	apa'goräfsi/ apago'räwäte	Απαγόρευση/ απαγορεύεται
Gefahr/gefährlich	'kindinoss/äpi'kindinoss	Κίνδυνος/επικίνδυνος

Milás elliniká?

„Sprichst du Griechisch?" Dieser Sprachführer hilft Ihnen, die wichtigsten Wörter und Sätze auf Griechisch zu sagen

BEGRÜSSUNG & ABSCHIED

Gute(n) Morgen/Tag!/Abend!/Nacht!	Kalli'mära/Kalli'mära!/Kalli'spära!/Kalli'nichta!	Καλημέρα/Καλημέρα!/Καλησπέρα!/Καληνύχτα!
Hallo!/Auf Wiedersehen!/Tschüss!	'Ja (su/sass)!/A'dio!/Ja (su/sass)!	Γεία (σου/σας)!/Αντίο!/Γεία (σου/σας)!
Ich heiße ...	Mä 'läne ...	Με λένε ...
Wie heißen Sie?	Poss sass 'läne?	Πως σας λένε?

DATUMS- & ZEITANGABEN

Montag/Dienstag	dhäf'tära/'triti	Δευτέρα/Τρίτη
Mittwoch/Donnerstag	tät'tarti/'pämpti	Τετάρτη/Πέμπτη
Freitag/Samstag	paraskä'wi/'sawatto	Παρασκευή/Σάββατο
Sonntag/Werktag	kiria'ki/er'gassimi	Κυριακή/Εργάσιμη
heute/morgen/gestern	'simära/'awrio/chtess	Σήμερα/Αύριο/Χτες
Wie viel Uhr ist es?	Ti 'ora 'ine?	Τι ώρα είναι?

UNTERWEGS

offen/geschlossen	annik'ta/klis'to	ανοικτό/κλειστό
Eingang/Einfahrt	'issodhos/'issodhos ochi'matonn	Έισοδος/Έισοδος οχημάτων
Ausgang/Ausfahrt	'eksodhos/'eksodos ochi'matonn	Έξοδος/Έξοδος οχημάτων
Abfahrt/Abflug/Ankunft	anna'chorissi/anna'chorissi/'afiksi	Αναχώρηση/Αναχώρηση/Άφιξη
Toiletten/Damen/Herren	tual'lättes/ginä'konn/an'dronn	Τουαλέτες/Γυναικών/Ανδρών
(kein) Trinkwasser	'possimo nä'ro	Πόσιμο νερό
Wo ist ...? / Wo sind ...?	pu 'ine ...?/pu 'ine ...?	Πού είναι/Πού είναι ...?
Bus/Taxi	leofo'rio/tak'si	Λεωφορείο/Ταξί
Stadtplan/(Land-)Karte	'chartis tis 'pollis/'chartis	Χάρτης της πόλης/Χάρτης
Hafen	li'mani	Λιμάνι
Flughafen	a-ero'drommio	Αεροδρόμιο
Fahrplan/Fahrschein	drommo'logio/issi'tirio	Δρομολόγιο/Εισιτήριο
Ich möchte ... mieten.	'thälo na nik'jasso ...	Θέλω να νοικιάσω ...
ein Auto/ein Fahrrad/ein Boot	'änna afto'kinito/'änna po'dhilato/'mia 'warka	ένα αυτοκίνητο/ένα ποδήλατο/μία βάρκα
Tankstelle	wänzi'nadiko	Βενζινάδικο
Benzin/Diesel	wän'zini/'diesel	Βενζίνη/Ντίζελ

ESSEN & TRINKEN

Reservieren Sie uns bitte für heute Abend einen Tisch für vier Personen.	Klis'te mass parakal'lo 'änna tra'pezi ja a'popse ja 'tässera 'atoma.	Κλείστε μας παρακαλώ ένα τραπέζι γιά απόψε γιά τέσσερα άτομα.
Die Speisekarte, bitte.	Tonn ka'taloggo parakal'lo.	Τον κατάλογο παρακαλώ.
Könnte ich bitte ... haben?	Tha 'ithälla na 'ächo ...?	Θα ήθελα να έχο ...?
mit/ohne Eis/Kohlensäure	mä/cho'ris 'pago/anthrakik'ko	με/χωρίς πάγο/ανθρακικό
Vegetarier/Allergie	chorto'fagos/allerg'ia	Χορτοφάγος/Αλλεργία
Ich möchte zahlen, bitte.	'Thäl'lo na pli'rosso parakal'lo.	Θέλω να πληρώσω παρακαλώ.

EINKAUFEN

Wo finde ich ...?	Pu tha wro ...?	Που θα βρω ...?
Apotheke/Drogerie	farma'kio/ka'tastima	Φαρμακείο/Κατάστημα καλλυντικών
Bäckerei/Markt	'furnos/ago'ra	Φούρνος/Αγορά
Lebensmittelgeschäft	pandopo'lio	Παντοπωλείο
Kiosk	pä'riptero	Περίπτερο
teuer/billig/Preis	akri'wos/fti'nos/ti'mi	ακριβός/φτηνός/Τιμή
mehr/weniger	pjo/li'gotäre	πιό/λιγότερο

ÜBERNACHTEN

Ich habe ein Zimmer reserviert.	'Kratissa 'änna do'matjo.	Κράτησα ένα δωμάτιο.
Haben Sie noch ...?	'Ächäte a'komma ...?	Έχετε ακόμα ...?
Einzelzimmer	mon'noklino	Μονόκλινο
Doppelzimmer	'diklino	Δίκλινο
Schlüssel	kli'dhi	Κλειδί
Zimmerkarte	iläktronni'ko kli'dhi	Ηλεκτρονικό κλειδί

GESUNDHEIT

Arzt/Zahnarzt/Kinderarzt	ja'tros/odhondoja'tros/pä'dhiatros	Ιατρός/Οδοντογιατρός/Παιδίατρος
Krankenhaus/Notfallpraxis	nossoko'mio/jatri'ko 'käntro	Νοσοκομείο/Ιατρικό κέντρο
Fieber/Schmerz	pirät'tos/'ponnos	Πυρετός/Πόνος
Durchfall/Übelkeit	dhi'arria/ana'gula	Διάρροια/Αναγούλα
Sonnenbrand	ilia'ko 'engawma	Ηλιακό έγκαυμα
entzündet/verletzt	molli'männo/pligo'männo	μολυμένο/πληγωμένο
Schmerzmittel/Tablette	paf'siponna/'chapi	Παυσίπονο/Χάπι

SPRACHFÜHRER

TELEKOMMUNIKATION & MEDIEN

Briefmarke/Brief Postkarte	gramma'tossimo/'gramma kartpos'tall	Γραμματόσημο/Γράμμα Καρτ-ποστάλ
Ich brauche eine Telefonkarte fürs Festnetz.	Kri'azomme 'mia tile'karta ja dhi'mossio tilefoni'ko 'thalamo.	Χρειάζομαι μία τηλεκάρτα για δημόσιο τηλεφωνικό θάλαμο.
Ich suche eine Prepaidkarte für mein Handy.	Tha 'ithälla 'mia 'karta ja to kinni'to mu.	Θα ήθελα μία κάρτα για το κινητό μου.
Wo finde ich einen Internetzugang?	Pu bor'ro na wro 'proswassi sto índernett?	Που μπορώ να βρω πρόσβαση στο ίντερνετ;
Steckdose/Adapter/ Ladegerät	'briza/an'dapporras/ fortis'tis	πρίζα/αντάπτορας/ φορτιστής
Computer/Batterie/ Akku	ippologis'tis/batta'ria/ äppanaforti'zomänni batta'ria	Υπολογιστής/μπαταρία/ επαναφορτιζόμενη μπαταρία
Internetanschluss/ WLAN	'sindhässi sä as'sirmato 'dhitio/waifai	Σύνδεση σε ασύρματο δίκτυο/WiFi

FREIZEIT, SPORT & STRAND

Strand	para'lia	Παραλία
Sonnenschirm/Liegestuhl	om'brälla/ksap'plostra	Ομπρέλα/Ξαπλώστρα

ZAHLEN

0	mi'dhän	μηδέν
1	'änna	ένα
2	'dhio	δύο
3	'tria	τρία
4	'tässara	τέσσερα
5	'pände	πέντε
6	'äksi	έξι
7	äf'ta	εφτά
8	och'to	οχτώ
9	ä'näa	εννέα
10	'dhäkka	δέκα
11	'ändhäkka	ένδεκα
12	'dodhäkka	δώδεκα
20	'ikossi	είκοσι
50	pän'inda	πενήντα
100	äka'to	εκατό
200	dhia'kossja	διακόσια
1000	'chilia	χίλια
10000	'dhäkka chil'jades	δέκα χιλιάδες

CITYATLAS

■ Verlauf der Erlebnistour „Perfekt im Überblick"
■ Verlauf der Erlebnistouren

Der Gesamtverlauf aller Touren ist auch in der herausnehmbaren Faltkarte eingetragen

Bild: Odós Adrianoú

Unterwegs in Athen

Die Seiteneinteilung für den Cityatlas finden Sie auf dem hinteren Umschlag dieses Reiseführers

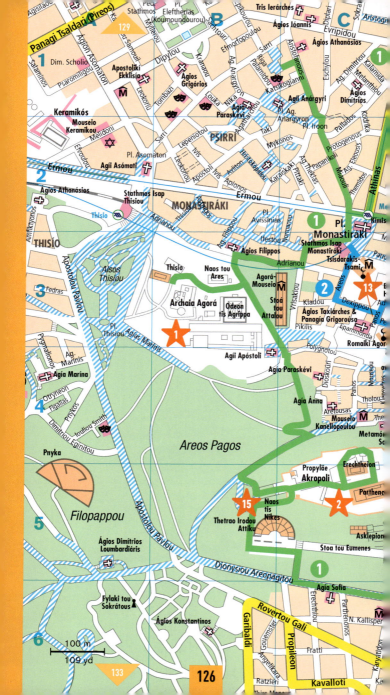

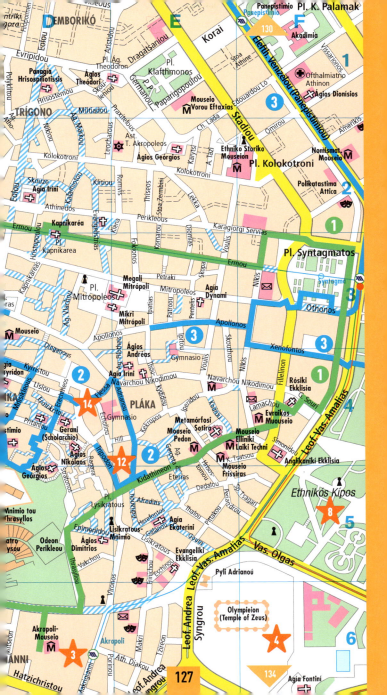

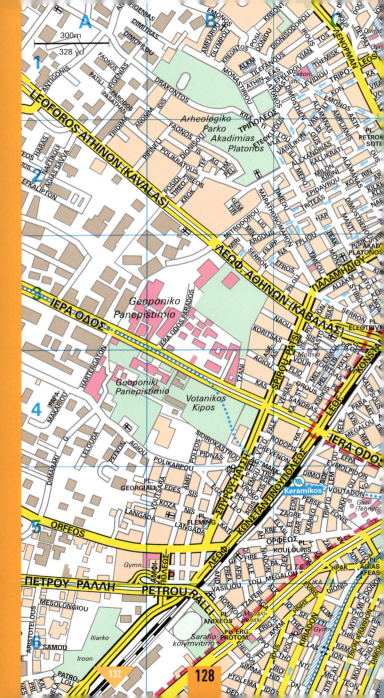

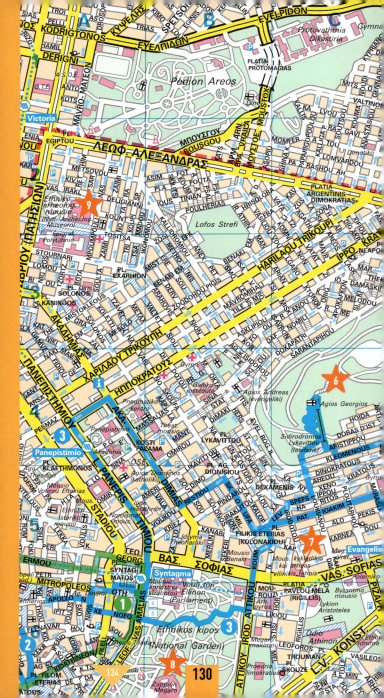

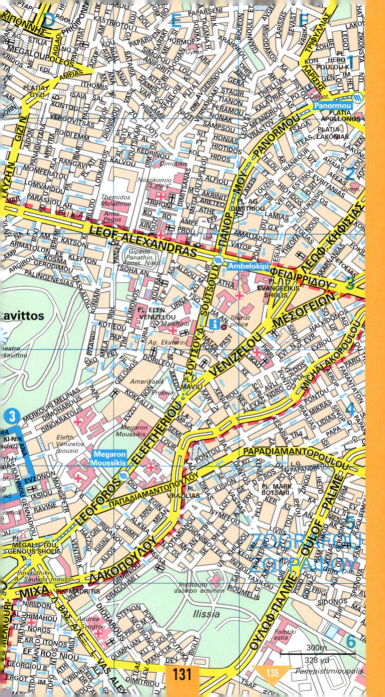

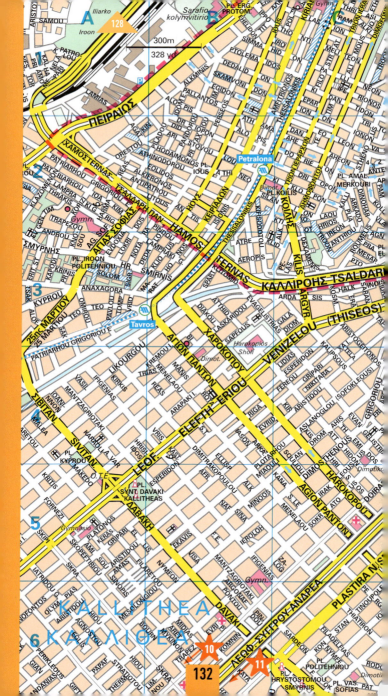

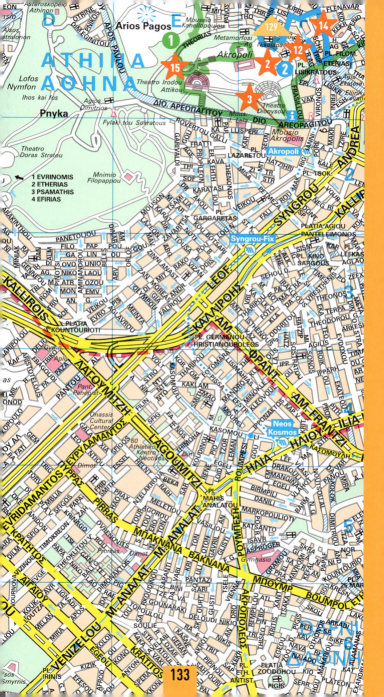

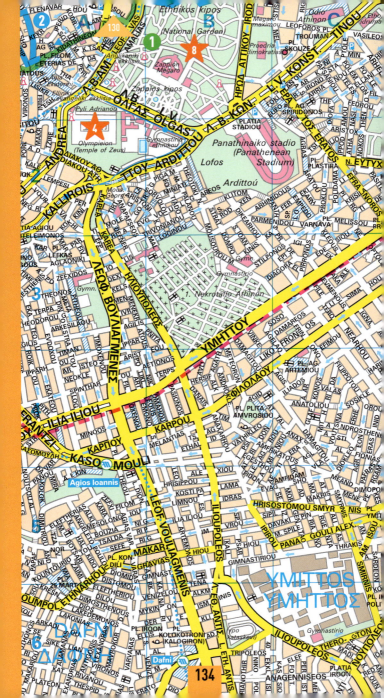

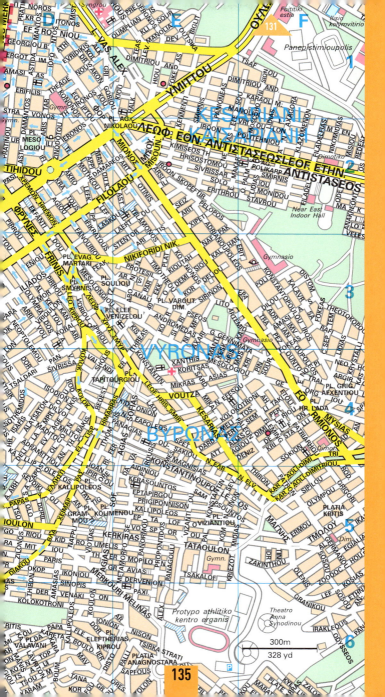

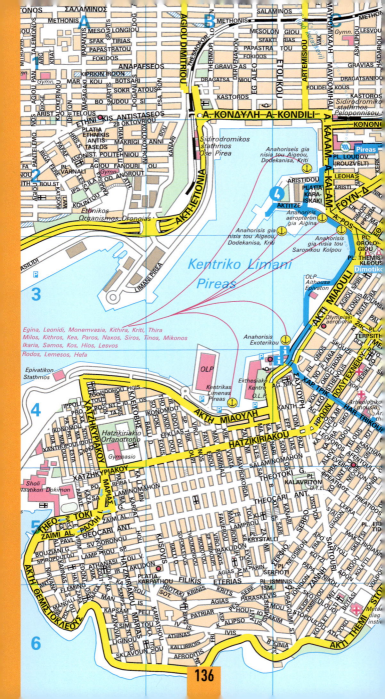

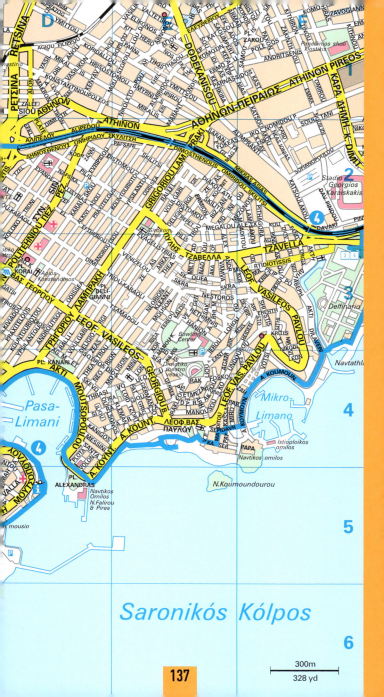

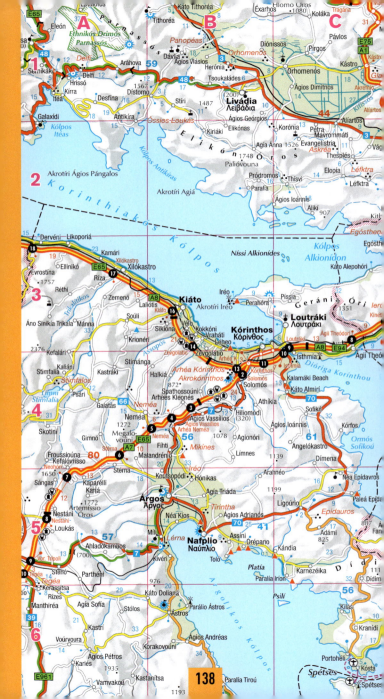

Das Register enthält eine Auswahl der im Cityatlas dargestellten Straßen und Plätze

A
Adrianou (Athína) **129/E5**
Adrianoupoleos (Athína) **129/D1**
Adrianoupoleos (Kessariani) **135/E2**
Afroditis (Kallithea) **132/B5**
Agelikara **133/E2**
Agias Afeas, Platia **128/C5**
Agias Eleousis **129/E5**
Agias Irinis **129/F5**
Agias Irinis, Platia **129/F5**
Agias Lavras, Platia **134/C6**
Agias Marinas (Athína) **129/D6**
Agias Marinas (Pireas) **136/B5**
Agias Paraskevis (Pireas) **136/B6**
Agias Paraskevis (Vyron) **135/D3**
Agias Sofias (Athína) **129/D2**
Agias Sofias (Tavros) **132/A3**
Agias Sofias (Vyron) **135/E4**
Agias Theklas **129/E5**
Agias Varvaras (Dafni) **134/A5**
Agias Varvaras (Kallithea) **132/A4**
Agias Varvaras (Vyron) **135/D3**
Agilis **134/A3**
Agion Asomaton **129/D4**
Agion Asomaton, Platia **129/D5**
Agion Panton (Athína) **131/E3**
Agion Panton (Kallithea) **132/C5**
Agiou Artemiou, Platia **134/C4**
Agiou Dimitriou (Athína) **129/E5**
Agiou Dimitriou (Pireas) **137/F2**
Agiou Dimitriou, Platia **131/E2**
Agiou Dimitriou (Vyron) **135/F4**
Agiou Dionisiou, Platia **136/C1**
Agiou Dionisiou, Platia **136/C1**
Agiou Filippou **129/E5-137/D1**
Agiou Isidorou **130/B3**
Agiou Konstantinou **137/D3**
Agiou Nikolaou, Platia **135/D2**
Agiou Panteleimonos, Platia **133/F2**
Agiou Pavlou **129/E2**
Agiou Polikarpou **135/F2**
Agisilaou (Athína) **129/D4**
Agisilaou (Pireas) **137/E3**
Aglaofontos **131/D1**
Agorakritou **129/E1**
Agoras, Platia **129/E6**
Aharnon **137/E1**
Aheon **132/C2**
Ahilleos **129/D3**
Akadimias **130/B5**
Akadimou **129/D4**
Akteou **129/D6**
Akti Ietionia **136/B2**
Akti Kalamasioti **136/C2**
Akti Kondili **136/B1**
Akti Kountouriotou **137/E4**
Akti Miaouli **136/C3**
Akti Moutsopoulou **137/D4**
Akti Posidonos **136/C2**
Akti Themistokleous **136/C6**
Alamanas (Athína) **128/C2**
Alamanas (Dafni) **133/F6**
Alexandras, Leoforos **131/D2**
Alexandrias **128/C2**
Alexandrou **131/E2**
Alikarnassou **136/A5**
Alimpranti **137/E2**
Alipedou (Pireas) **137/D2**
Alkiviadou (Athína) **129/E2**
Alkiviadou (Dafni) **134/A5**
Alkiviadou (Pireas) **136/C4**
Alkminis (Athína) **132/B1**
Alkminis (Kallithea) **132/B5**
Alkminis (Ymittos) **134/B6**
Almiridos **137/E1**
Alopekis **130/C5**

Alopis **132/B1**
Amfias **131/D1**
Amfiktionos **129/D5**
Amfipoleos **128/B4**
Amfitrionos **132/B1**
Aminandrou **133/D3**
Amisou (Ymittos) **134/C5**
Amvrosiou Frantzi **133/F4**
Anagenniseos **134/B6**
Anagnostopoulou **130/B4**
Anapafseos (Athína) **134/A2**
Anapafseos (Drapetsona) **136/A1**
Anaxagora (Athína) **129/E4**
Andritsenis **137/F1**
Andromahis (Athína) **129/D3**
Andromahis (Dafni) **133/E6**
Androutsou Odissea (Athína) **133/E3**
Androutsou Odissea (Pireas) **137/D3**
Androutsou Odissea (Tavros) **132/A2**
Anexartisias **130/B3**
Anonimidis **128/A2**
Antilohou **129/D3**
Apolloniou **132/C2**
Apolloniou, Platia **132/C2**
Apollonos **130/A6**
Apollonos, Platia **131/F1**
Apostolou Pavlou (Athína) **129/D6-133/D1**
Arakinthou **133/D2**
Archelaou (Athína) **130/C6-134/C1**
Ardittou **134/B2**
Areos (Athína) **129/E6**
Areos (Kallithea) **132/C4**
Argentinis Dimokratias, Platia **130/C2**
Argiroupoleos (Athína) **131/D3**
Argiroupoleos (Drapetsona) **136/A1**
Argiroupoleos (Ymittos) **135/D5**
Argous **128/B3**
Aristidou (Athína) **129/F5**
Aristidou (Kallithea) **132/A5**
Aristidou (Pireas) **136/C2**
Aristofanous **129/E4**
Aristogitonos **129/E4**
Aristotelous (Kallithea) **133/D4**
Aristotelous (Tavros) **128/A6-132/A1**
Armeni Vraila **130/B2**
Armodiou **129/E4**
Artemisiou (Athína) **128/C4**
Artemisiou (Pireas) **136/C1**
Artemonos **134/B5**
Asklipiou (Athína) **130/B3**
Asklipiou (Pireas) **136/C1**
Astrous **128/C1**
Athanasiou V. **136/A5**
Athinaidos **129/F5**
Athinas (Athína) **129/F5**
Athinas (Pireas) **136/B6**
Athinodorou **132/A2**
Athinon **137/D2**
Avgerinou **131/E1**
Aviiton **129/E5**
Avramiotou **129/F5**

B
Baknana **133/E5**
Boumpoulinas (Dafni) **133/F6**

D
Damagitou **134/B3**
Damareos **134/C3**
Davaki (Kallithea) **132/B6**
Davaki (Vyron) **135/E4**
Dedalou (Athína) **130/A6-134/A1**
Dedalou (Tavros) **132/B3**
Deligianni, Th. **129/D3**

Deligiorgi (Athína) **129/E3**
Deligiorgi (Pireas) **137/D4**
Derigni (Athína) **129/F1-130/A1**
Dervenakion (Dafni) **134/B6**
Dervenakion (Ymittos) **135/D6**
Dexamenis, Platia **130/B5**
Dexippou **137/F3**
Diakou Athanasiou (Athína) **134/A2**
Didotou **130/B4**
Dikearhou (Athína) **134/B2**
Dimitrakopoulou **132/B4**
Dimitrakopoulou N. **133/E3**
Dimitriou Eginitou (Athína) **129/D6-133/D1**
Dimitsanas **131/E2**
Dimofontos (Athína) **128/C6-132/C1**
Dimokritou **130/B4**
Dimosthenous (Kallithea) **132/C5**
Dinokratous **130/C5**
Dinostratou (Athína) **133/F3-134/A3**
Diogenous **136/A1**
Dioharous **131/D6**
Dionisiou Areopagitou **133/F2**
Dioskouron **129/E6**
Dipilou **129/D5**
Diplari **129/E4**
Distomou (Athína) **128/C1**
Distomou (Dafni) **134/A5**
Distomou (Kessariani) **135/F3**
Distomou (Pireas) **137/D2**
Dodekanisou **137/E1**
Doiranis **132/C5**
Domokou **129/E1**
Dorileou (Athína) **131/E4**
Dorileou (Vyron) **135/D4**
Dorileou (Ymittos) **135/D5**
Doxapatri **130/B4**
Dragatsaniou **136/B1**
Drakontos (Kessariani) **131/D6-135/D1**
Drakou (Athína) **133/E2**
Drakou (Pireas) **137/E4**
Driopon **132/C2**

E
Efesou **132/C6**
Efklias (Athína) **130/B3**
Efklias (Pireas) **136/B4**
Efranoros **134/C2**
Efroniou (Athína) **131/D6-135/D1**
Eftihidou **135/D2**
Egaleo (Athína) **128/B5**
Egaleo (Pireas) **136/B1**
Egeou **133/F6**
Egidon **132/B1**
Egiptou, Platia (Athína) **129/F2-130/A2**
Ehelidon (Athína) **128/B6**
Elefsinion **129/D5**
Eleftherias (Dafni) **133/F5-134/A5**
Eleftherias, Platia (Koumoundourou) **129/E4**
Eleftheriou Venizelou, Leoforos (Athína) **131/E4**
Eleftheriou Venizelou, Leoforos (Nea Smyrni) **133/D6**
Eleftheriou Venizelou, Leoforos (Thiseos) **132/C3**
Eleftheroton **134/C6**
Eleotrivion, Platia **128/C3**
Ellispontou (Kallithea) **132/B4**
Ellispontou (Vyron) **135/D4**
Empedokleous **134/C2**
Eolou **129/F4**
Epaminonda (Athína) **129/E6**
Epaminonda (Kessariani) **135/E3**

STRASSENREGISTER

Epikourou **129/E4**
Epimenidou **133/F1**
Eptahalkou **129/D5**
Ermou (Athína) **129/F5-130/A5**
Ermoupoleos (Athína) **129/D1**
Ermoupoleos (Pireas) **137/F1**
Eshilou (Athína) **129/E5**
Eshilou (Pireas) **137/F4**
Esperidon **132/C4**
Ethnarhou (Dafni) **133/F6-134/A6**
Ethnarhou Makariou (Dafni) **133/F6-134/A6**
Ethnarhou Makariou (Kessariani) **135/E2**
Ethnikis Antistaseos (Drapetsona) **136/A2**
Ethnikis Antistaseos, Leoforos (Kessariani) **135/F2**
Ethnikis Antistaseos, Leoforos (Ymittos) **134/B6**
Ethnikis Antistaseos (Pireas) **137/D2**
Ethnikis Antistaseos, Platia (Dafni) **133/F6**
Ethnikis Antistaseos, Platia (Drapetsona) **136/A2**
Etolikou (Pireas) **136/C1**
Evagelistrias (Athína) **129/F5**
Evagelistrias (Pireas) **137/D2**
Evagelistriou (Ymittos) **134/C6**
Evag. Martaki, Platia **135/D3**
Evdoxou (Athína) **133/F3-134/A3**
Evdoxou (Pireas) **137/D1**
Evelpidon **130/B1**
Evmolpidon **128/C4**
Evridamantos **133/D5**
Evripidou (Athína) **129/E4**
Evripidou (Pireas) **137/D2**
Evrou **131/E4**

F

Falirou **133/E3**
Favierou (Athína) **129/E3**
Filellinon (Athína) **130/A6-134/A1**
Filellinon (Pireas) **136/C4**
Filikis Eterias (Kallithea) **132/B5**
Filikis Eterias (Pireas) **136/B5**
Filolaou **135/D2**
Filomousou Eterias, Platia (Athína)
 129/F6-130/A6-133/F1-134/A1
Filonos (Pireas) **136/C4**
Filonos (Ymittos) **134/C5**
Filopappou, Platia **132/C3**
Flessa **136/B4**
Fokilidou **130/B4**
Fokionos (Athína) **129/F5-130/A5**
Fokionos (Pireas) **137/D2**
Formionos **135/E5**
Fotomara **133/E4**
Fragiadon **136/C5**
Fratti **133/E2**
Freatidos **136/C5**
Frinis (Athína) **135/D3**
Frinis (Pireas) **136/B6**

G

Gargaretas, Platia **133/E2**
Genaniou **129/E4**
Georgiou A. **130/A5**
Geraniou **129/E3**
Germaniou **129/D4**
Geronta (Athína)
 129/F6-130/A6-133/F1-134/A1
Giatrakou **129/D3**
Gimnastiriou **134/B5**
Gizi N. **131/D2**
Gouemster **133/E2**
Gounari D. **136/C2**

Granikou **129/D4**
Gravias (Athína) **130/A3**
Gravias (Dafni) **134/A5**
Gravias (Pireas) **136/C1**
Gravias (Vyron) **135/D5**
Grigoriou Lampraki **137/E2**
Gripari **132/A5**

H

Haidariou **136/C1**
Halkidikis **128/C4**
Halkokondili **133/E4**
Hamosternas **132/B2**
Hanion **137/E3**
Harilaou Trikoupi (Athína) **130/B3**
Harilaou Trikoupi (Kallithea) **133/D4**
Harilaou Trikoupi (Pireas) **136/C4**
Harokopou **132/C5**
Hatzichristou **133/F2**
Hatzikiriakou **136/B4**
Hatzikiriakou Marias **136/A5**
Himarras **135/D4**
Hiou (Athína) **129/E2**
Hiou (Kallithea) **132/A6**
Hiou (Kessariani) **135/E1**
Hiou (Ymittos) **134/B5**
Hremonidou **135/D2**
Hrisostomou Smirnis (Kallithea) **132/C4**
Hrisostomou Smirnis (Kessariani) **135/E2**
Hrisostomou Smirnis, Leoforos **135/E4**
Hrisostomou Smirnis (Pireas) **137/D1**
Hrisostomou Smirnis (Tavros) **132/A3**
Hrisostomou Smirnis (Ymittos) **134/B5**
Hristokopidou **129/E5**

I

Iasonos (Athína) **129/D4**
Ierou Lohou, Platia **129/F4**
Ifestou **129/E5**
Ifigenias (Athína) **128/A1**
Ifigenias (Kallithea) **132/B5**
Ikonomidou P. **137/F2**
Ikonomou (Athína) **130/B3**
Ikonomou (Kessariani) **135/F2**
Ikonomou (Pireas) **136/A4**
Iliados (Kessariani) **135/E2**
Iliados (Vyron) **135/D3**
Ilia Iliou (Athína) **133/F4-134/A4**
Ilia Iliou (Ymittos) **134/B5**
Ilioupoleos **134/B5**
Ioanninon (Athína) **129/D2**
Ioannou Gennadiou **131/D5**
Ionidon **136/C6**
Ionon **132/C1**
Iouliaiou **129/F2**
Ious (Athína) **128/C6-132/C1**
Ipatias (Athína) **129/F6-130/A6**
Iperidou (Athína)
 129/F6-130/A6-133/F1-134/A1
Iperionos **132/C1**
Ipirou (Athína) **129/F2**
Ipirou (Pireas) **137/E1**
Ipirou (Vyron) **135/D5**
Ipirou (Ymittos) **134/B5**
Ipitou (Athína) **129/F6-130/A6**
Ipparhou (Athína) **133/F4-134/A4**
Ippokratous (Athína) **130/C3**
Ippokratous (Pireas) **136/C2**
Ipsilantou **136/A2**
Irakleous (Athína) **133/F3**
Irakleous (Pireas) **137/E4**
Irakleous (Vyron) **135/F6**

Iraklidon (Athína) **129/D5**
Iraklidon (Pireas) **136/A5**
Irakliou **137/E4**
Iraklitou **130/B5**
Irodotou (Athína) **130/C5**
Irodotou (Pireas) **136/B4**
Irodou Attikou **130/B6**
Iroon, Platia (Athína) **129/E5**
Iroon, Platia (Dafni) **134/A6**
Iroon Politehniou **137/D3**
Iroon Politehniou, Platia (Tavros) **132/A3**
Iroon Politehniou, Platia (Ymittos) **134/C6**
Ivis (Athína) **129/E5**
Ivis (Pireas) **136/B6**

K

Kalamida **129/E5**
Kalamiotou **129/F5**
Kalipsous (Athína) **128/C4**
Kalipsous (Kallithea) **132/C3**
Kallergi **129/E3**
Kalliga P. **130/C2**
Kallipoleos, Platia **135/D5**
Kallirois **133/D3**
Kallisperi **133/E2**
Kallisthenous **132/C2**
Kalogirou Samouil **129/D4**
Kalvou **130/C1**
Kanari (Athína) **130/B5**
Kanari (Dafni) **134/B5**
Kanari (Drapetsona) **136/B2**
Kanari (Kallithea) **132/B5**
Kanari (Pireas) **136/C4**
Kanari (Vyron) **135/D5**
Kanigos (Athína) **129/F3-130/A3**
Kanigos (Pireas) **137/D4**
Kantharou **136/C4**
Kapea **134/A2**
Kapsali **130/C5**
Karaiskaki (Athína) **129/E5**
Karaiskaki (Dafni) **134/A5**
Karaiskaki (Drapetsona) **136/A2**
Karaiskaki (Pireas) **137/F2**
Karaiskaki, Platia (Athína) **129/E3**
Karaiskaki, Platia (Pireas) **136/C2**
Karaoli-Dimitriou (Pireas) **137/D2**
Karatza (Athína) **133/E2**
Karatza (Pireas) **137/D4**
Karea (Athína) **133/F2-134/A2**
Kariatidon (Athína) **133/F3-134/A3**
Karion **128/C4**
Karneadou **130/C5**
Karolou **129/E3**
Karori **129/F5**
Karpathou **136/A5**
Karpou **134/B4**
Kasomouli (Athína) **133/F4-134/A4**
Kassandras (Athína) **128/B4**
Kassandras (Pireas) **137/E4**
Kastoros **136/C1**
Katsoulakou **137/F2**
Kavalloti **133/E2**
Kazanova **136/A5**
Kedrinou **131/E2**
Kefallinias **133/F5**
Kekropos **129/F6-130/A6-133/F1-134/A1**
Kekropos (Dafni) **133/E6**
Kekropos (Pireas) **136/C6**
Kerameon **129/D4**
Keramikou **129/D4**
Keratsiniou **129/D3**
Kerkiras (Vyron) **135/D5**
Kesarias (Athína) **131/F4**
Kesarias (Vyron) **135/E4**

Kesarias (Ymittos) **134/C5**
Kidathineon (Athína)
129/F6-130/A6-133/F1-134/A1
Kiklopon **132/B2**
Kilis **132/C3**
Kinegirou **129/D4**
Kiprou, Leoforos **135/D3**
Kiriadon (Athína) **128/C6-132/C1**
Kirillou Loukareos **131/D2**
Kirristou **129/F6**
Klafthmonos, Platia (Athína)
129/F5-130/A4
Kleomenous **130/C4**
Kleomvrotou **129/D4**
Klisovis **136/B5**
Kodratou **129/D3**
Kodrigtonos (Athína) **129/F1-130/A1**
Kodrou (Athína)
129/F6-130/A6-133/F1
Kodrou (Pireas) **137/D2**
Koletti (Athína) **130/A3**
Koletti (Pireas) **136/C6**
Kolokinthous **129/D3**
Kolokotroni (Athína) **133/F5-134/A5**
Kolokotroni (Drapetsona) **136/A2**
Kolokotroni (Nea Smyrni) **133/D6**
Kolokotroni (Pireas) **136/C4**
Kolokotroni (Vyron) **135/D4**
Kolokotroni (Ymittos) **135/D6**
Kolonou **129/E3**
Kondili, Platia **134/A5**
Koniari **131/D3**
Kononos (Athína) **135/D1**
Kononos (Pireas) **136/C2**
Konstantinoupoleos (Nea Smyrni)
132/C6
Konstantinoupoleos (Pireas) **137/D1**
Konstantinoupoleos (Vyron) **135/E4**
Konstantinoupoleos (Ymittos)
134/C5
Korai **135/D3**
Korinis **129/E4**
Koritsas (Athína) **128/B3**
Koritsas (Vyron) **135/E4**
Kotziadon **136/C2**
Koumanoudi **130/C1**
Koumoundourou **129/E3**
Koumpari **130/B5**
Kountourioti, Platia **133/D3**
Kountouriotou (Athína) **130/A2**
Kountouriotou (Dafni) **134/C3**
Kountouriotou (Drapetsona) **136/A2**
Kountouriotou (Pireas) **136/C4**
Kratitos **133/E6**
Kreontos **128/B1**
Kyprou **132/A3**

L
Lagoumitzi **133/E4**
Lakonias, Platia **131/E2**
Lampraki Grigoriou **132/C4**
Lamprou Sp. **136/A5**
Lefkas, Platia (Athína)
133/F3-134/A3
Lekka (Athína) **129/F5-130/A5**
Lekka (Pireas) **136/C5**
Leonidou (Athína) **129/D4**
Leonorman **129/D3**
Lepeniotou **129/E5**
Likavittou **130/B5**
Likofronos **134/C3**
Likourgou (Athína) **129/F4**
Likourgou (Kallithea) **132/A4**
Likourgou (Pireas) **136/C2**
Lisikratous (Athína) **133/F1-134/A1**
Lisimahias **133/E4**
Lisiou **129/F6**

Lomvardou **130/C2**
Loukianou **130/C5**

M
Madritis, Platia **131/D6**
Mager **129/E3**
Mahis Analatou **133/E5**
Mahis Analatou, Platia **133/E5**
Makedonias (Athína) **129/F2**
Makedonias (Kallithea) **132/A5**
Makri (Athína) **133/F2-134/A2**
Makrigianni (Athína) **133/F2**
Makrigianni (Drapetsona) **136/A2**
Makrigianni (Kessariani) **135/F2**
Makrigianni (Pireas) **136/C5**
Manousou Koundourou **137/E4**
Marasli **130/C5**
Marathonos (Athína) **129/D3**
Marathonos (Ilioupoli) **135/F6**
Marathonos (Tavros) **132/B3**
Marni **129/F2**
Matrozou **133/D3**
Mavrokordatou (Athína)
129/F4-130/A4
Mavrokordatou (Dafni) **134/A6**
Mavrokordatou (Pireas) **136/B4**
Mavromataion **130/A1**
Mavromihali (Dafni) **133/F5**
Mavromihali (Pireas) **136/B4**
Megalou Alexandrou (Athína)
128/C4
Megalou Alexandrou (Dafni) **134/B6**
Megalou Alexandrou (Pireas) **137/E2**
Megaloupoleos **131/D1**
Megalou Spileou (Athína) **131/E2**
Megalou Spileou (Ymittos) **134/C5**
Megaron **129/D4**
Melidoni **129/D5**
Menandrou **129/E4**
Menelaou (Kallithea) **132/C5**
Menelaou (Tavros) **132/A1**
Mentoros **129/D4**
Merkouri Melinas (Ymittos) **135/D5**
Metaxourgiou, Platia **129/D3**
Methonis (Athína) **130/B3**
Methonis (Pireas) **136/B1**
Metonos **129/E4**
Mezonos (Athína) **129/E3**
Mezonos (Pireas) **137/E2**
Miaouli (Athína) **129/E5**
Miaouli (Dafni) **133/F5-134/A5**
Miaouli (Kallithea) **132/B5**
Miaouli (Pireas) **136/A4**
Mihalakopoulou **131/F4**
Mikalis (Pireas) **137/D1**
Mikalis (Vyron) **135/E4**
Mikinon **129/D4**
Mikonos **129/E5**
Milioni **130/B5**
Miltiadou (Athína) **129/F5**
Miltiadou (Pireas) **137/E3**
Misaraliotou **133/E2**
Misountos **135/E2**
Mitropoleos (Athína) **129/F6-130/A5**
Mitseon **133/F2**
Momferatou (Athína)
130/B2-131/D2
Monastirakiou, Platia **129/E5**
Monastiriou **128/B1**
Mouson (Athína) **133/E2**
Mouson (Pireas) **137/E3**
Moustopoulou D. **137/D1**
Moustoxidi **130/B2**
Mpotasi (Athína) **130/A3**
Mpotasi (Pireas) **136/C6**
Mpoumpoulinas (Athína) **130/A2**
Mpoumpoulinas (Ilioupoli) **135/D6**

Mpousgou **130/B2**
Mykalis **129/D4**
Myllerou **129/D4**
Mysias **135/F4**

N
Nafpliou (Athína) **128/C3**
Nafpliou (Vyron) **135/D5**
Neapoleos, Platia **130/C3**
Nearhou **134/C3**
Neas Elvetias **135/E5**
Neofitou Vamva **130/C5**
Neorion **137/E3**
Neosikon **136/C5**
Nestoros **137/E3**
Nikiforidi Nik. **135/E3**
Nikiforou **129/E3**
Nikiou (Athína) **129/F5**
Nikiou (Dafni) **133/E6**
Nikis (Athína) **130/A6**
Nikis (Dafni) **133/E6**
Nikis (Pireas) **136/B6**
Nikita **136/C2**
Nileos **129/D6**
Nirvana **136/A5**
Nirvana, Platia **136/C4**
Normanou **129/E5**
Notara (Athína) **130/A2**
Notara (Pireas) **136/C4**
Notara (Tavros) **132/A3**
Ntelakroua **133/E5**

O
Odiou, Platia **129/E4**
Odysseos **129/D3**
Omirou (Athína) **130/B4**
Omirou (Pireas) **137/F1**
Omirou (Tavros) **132/A3**
Omonias, Platia **129/F3**
Orfeos **128/A5**
Orlof **133/E3**
Othonos (Athína) **130/A6**
Othonos (Dafni) **133/F6-134/A6**
Ougo Vic. **129/D3**
Oulof Palme **135/F2**

P
Pagratiou, Platia **134/C2**
Palamidiou **129/D3**
Paleologou (Athína) **129/E2**
Paleologou (Pireas) **136/C3**
Pallados **129/E5**
Paliantos **132/B1**
Pallineon **132/C1**
Palme Oulof **131/F5**
Panagiotara **131/D2**
Panagi Tsaldari **129/E4**
Pandrosou **129/F5**
Panepistimiou, Leoforos **130/A4**
Panetoliou **133/D3**
Panormou (Athína) **131/F2**
Panormou (Vyron) **135/E5**
Panos (Athína) **129/E6**
Pantou Al. **133/D4**
Papadiamantopoulou **131/F4**
Papanikoli **136/C5**
Paparigopoulou **130/C2**
Papastratou (Athína) **131/D1**
Papastratou (Pireas) **136/A1**
Papastratou (Ymittos) **135/D5**
Papatesta **136/A4**
Paramithias **128/C4**
Parashou Ah. **131/D2**
Parrasiou **129/E1**
Parthenonos **133/E2**
Patili **128/A1**
Patrou (Athína) **129/F6-130/A6**

STRASSENREGISTER

Pavlou Mela **132/A3**
Peanion **129/D3**
Pelagonias **128/C4**
Pelopos (Athína) **129/D3**
Perdika **129/D3**
Periandrou (Athína) **130/A6-134/A1**
Perikleous (Athína) **129/F5-130/A5**
Perikleous (Kallithea) **132/A6**
Perikleous (Pireas) **136/C4**
Perikleous (Vyron) **135/F4**
Pesmazoglou (Athína) **129/F4-130/A4**
Petmeza **133/F2**
Petraki (Athína) **129/F5-130/A5**
Petras **129/D2**
Pikilis **129/E6**
Pileos **129/D4**
Pilis **137/D2**
Pindarou (Athína) **130/B5**
Pindarou (Pireas) **137/F2**
Pireos **128/B2**
Pirras **133/D5**
Pissa Efstr. **133/E4**
Pitheou **134/A4**
Pithodorou **129/D3**
Pittaki **129/E5**
Plastira N. **132/C6**
Plateon (Athína) **129/D4**
Plateon (Dafni) **130/A6-134/A6**
Plateon (Ilioupoli) **135/F6**
Plateon (Pireas) **137/D2**
Plateon (Vyron) **135/E3**
Ploutarhou **130/C5**
Polignotou **129/E6**
Polikratous **128/B2**
Popliou **129/D3**
Porinou (Athína) **133/F2-134/A2**
Poukevil **129/E3**
Praxitelous (Athína) **129/F5**
Praxitelous (Dafni) **133/F5**
Praxitelous (Pireas) **137/D3**
Prigiponnison (Athína) **131/D1**
Pritaniou (Athína) **129/F6-133/F1**
Propileon **133/E2**
Protogenous **129/E5**
Psaromiligou **129/D5**
Psaron (Athína) **129/E3**
Psaron (Ymittos) **134/B5**

R

Ragavi (Athína) **130/C2**
Ragavi (Pireas) **136/A6**
Ralli D. **136/A4**
Ralli I. **136/A5**
Ralli L. **137/D4**
Ramnes, Platia **129/D3**
Rethimnis **137/E3**
Retsina **137/D1**
Riga Palamidou **129/E5**
Rigillis (Athína) **130/C6-134/C1**
Rizari (Athína) **130/C6-134/C1**
Romvis (Athína) **129/F5-130/A5**
Roumelis (Athína) **132/C3**
Roumelis (Zografos) **131/E6**

S

Sahtouri (Athína) **129/E4**
Sahtouri (Nea Smyrni) **133/E6**
Sahtouri (Pireas) **136/C5**
Salaminomahon (Pireas) **136/B5**
Samou (Athína) **129/E2**
Samou (Pireas) **137/F1**
Samou (Tavros) **128/A6-132/A1**
Saoumpert **137/E1**
Sapfous (Athína) **129/E4**
Sarantapihou **130/C4**
Sarri **129/E5**
Sekeri **130/B5**
Serfiotou **136/C5**
Serron (Athína) **128/B3**
Serron (Dafni) **133/F6**
Sfaktirias (Athína) **129/D4**
Sina **130/A5**
Sintagmatos Pezikou **137/D2**
Siragiou **137/D4**
Sivitanidou **132/A4**
Skilitsi (Athína) **130/B2**
Skilitsi (Pireas) **137/E2**
Skoufa (Athína) **130/B4**
Skoufa (Pireas) **137/E3**
Skouze **136/C2**
Skouze, Platia (Athína) **130/C6-134/C1**
Skra (Dafni) **133/F5**
Skra (Kallithea) **132/B6**
Skra (Pireas) **137/E3**
Sofokleous (Athína) **129/E4**
Sofokleous (Pireas) **136/B4**
Sofroniskou **133/E2**
Sokratous **129/E4**
Solomou (Athína) **129/F3**
Solomou (Tavros) **132/A3**
Solonos **130/A3**
Solonos, Platia (Athína) **129/F3-130/A3**
Sonierou **129/E3**
Sotiros Dios **137/D3**
Soutsou (Dafni) **133/F6-134/A6**
Soutsou (Pireas) **136/A5**
Soutsou D **131/E2**
Spathari **132/C5**
Spirou Merkouri (Athína) **131/D6-135/D1**
Stadiou **130/A5**
Stadiou, Platia **134/B2**
Strateon **133/F2**
Syngrou Andrea, Leoforos (Athína) **133/F2-134/A2**
Syntagmatos, Platia **130/A5**

T

Taki **129/E5**
Tarela **129/E3**
Tataoulon **135/E5**
Thalou (Athína) **133/F1-134/A1**
Theatrou **137/E3**
Theatrou, Platia **129/E4**
Themidos (Athína) **129/E5**
Themidos (Kallithea) **132/C4**
Themistokleous (Athína) **129/F3-130/A3**
Theocari Ant. **136/B5**
Theorias (Athína) **129/E6-133/E1**
Theotoki G. **136/A5**
Thermopilon (Athína) **129/D4**
Thermopilon (Vyron) **135/D5**
Thespieon **129/D3**
Thiramenous **133/F2**
Thiseos (Athína) **129/F5-130/A5**
Thiseos (Dafni) **133/F6**
Thiseos (Drapetsona) **136/A2**
Thisiou **129/E5**
Thoukididou (Athína) **129/F6-133/F1**
Thoukididou (Pireas) **136/B4**
Thrakis (Athína) **129/E2**
Thrakis (Nea Smyrni) **132/C6**
Thrakis (Tavros) **132/A2**
Thrakis (Ymittos) **134/C5**
Thrasivoulou (Athína) **129/F6**
Tositsa **130/A3**
Tridima **128/A2**
Trifillias **131/F1**
Trikoupi Sp. **130/A2**
Trion Ierarhon (Athína) **128/C6-132/C1**
Tripodon (Athína) **129/F6-133/F1**
Tripoleos (Athína) **128/C1**
Tripoleos (Ymittos) **134/B6**
Triptolemou **128/C4**
Troon (Athína) **132/C3**
Tsaldari Pan. (Kallithea) **132/C3**
Tsaldari Panagi **134/A5**
Tsamadou (Athína) **130/A3**
Tsamadou (Pireas) **136/C2**
Tzaferi **128/B6**
Tzavella (Athína) **130/A3**
Tzavella (Dafni) **133/F5-134/A5**
Tzavella (Pireas) **137/F3**
Tzireon (Athína) **133/F2-134/A2**

V

Valianiou **137/D5**
Valtinon **130/C1**
Varnava, Platia **134/C2**
Varvaki **130/C2**
Vasileos Alexandrou, Leoforos (Kessariani) **131/D6-135/D1**
Vasileos Georgiou B., Leoforos **137/D3**
Vasileos Konstantinou, Leoforos (Athína) **130/C6**
Vasileos Konstantinouv (Athína) **134/B1**
Vasileos Pavlou, Leoforos **137/E4-F3**
Vasilikon (Athína) **128/C2**
Vasilikon (Pireas) **137/D1**
Vasiliou Tou Megalou **128/B5**
Vasilissis Olgas, Leoforos **134/B1**
Vasilissis Sofias **130/C5**
Vathis, Platia **129/E3**
Vatsaxi **129/E3**
Veikou **133/D3**
Veranzerou **129/E3**
Vergovitsas **131/D1**
Victor Hugo **129/E3**
Vienna **133/E6**
Vilara **129/E3**
Vironos (Athína) **133/F1-134/A1**
Vironos (Dafni) **134/A6**
Vironos (Pireas) **136/B4**
Vissis **129/F5**
Vlahernon **132/C2**
Voreou **129/F5**
Voukourestiou **130/B5**
Voulgari (Athína) **129/E4**
Voulgari (Pireas) **137/D4**
Vouliagmenis, Leoforos **134/B5**
Voulis **130/A5**
Voutadon (Athína) **128/C5**
Voutsara **128/B5**
Voutza **135/D5**
Vrioulon (Ymittos) **135/D5**

X

Xanthippou **130/C5**
Xatzhkypiakoy **136/A5**
Xenofontos **130/A6**

Z

Zaharitsa **133/E3**
Zaimi (Athína) **130/A2**
Zaimi (Dafni) **133/F5-134/A5**
Zaimi (Pireas) **136/B4**
Zaimi Al. **136/A5**
Zanni (Pireas) **136/C5-137/D2**
Zeas **137/E3**
Zinonos **129/E4**
Zitrou **133/F2**
Zoodohou Pigis (Athína) **130/B3**
Zoodohou Pigis (Dafni) **133/F6**

KARTENLEGENDE

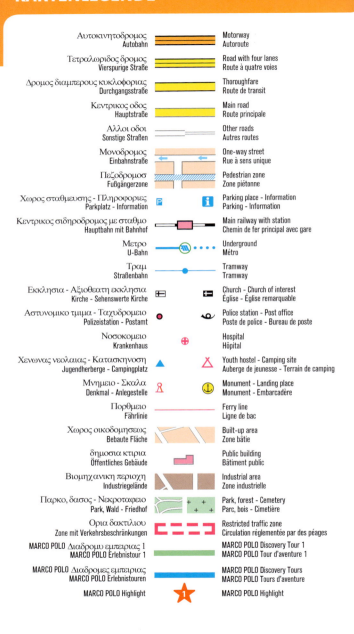

Αυτοκινητοδρομος / Autobahn		Motorway / Autoroute
Τετραλωριδος δρομος / Vierspurige Straße		Road with four lanes / Route à quatre voies
Δρομος διαμπερους κυκλοφοριας / Durchgangsstraße		Thoroughfare / Route de transit
Κεντρικος οδος / Hauptstraße		Main road / Route principale
Αλλοι οδοι / Sonstige Straßen		Other roads / Autres routes
Μονοδρομος / Einbahnstraße		One-way street / Rue à sens unique
Πεζοδρομοσ / Fußgängerzone		Pedestrian zone / Zone piétonne
Χωρος σταθμευσης - Πληροφοριες / Parkplatz - Information		Parking place - Information / Parking - Information
Κεντρικος σιδηροδρομος με σταθμο / Hauptbahn mit Bahnhof		Main railway with station / Chemin de fer principal avec gare
Μετρο / U-Bahn		Underground / Métro
Τραμ / Straßenbahn		Tramway / Tramway
Εκκλησια - Αξιοθεατη εκκλησια / Kirche - Sehenswerte Kirche		Church - Church of interest / Église - Église remarquable
Αστυνομικο τμημα - Ταχυδρομειο / Polizeistation - Postamt		Police station - Post office / Poste de police - Bureau de poste
Νοσοκομειο / Krankenhaus		Hospital / Hôpital
Χενωνας νεολαιας - Κατασκηνοση / Jugendherberge - Campingplatz		Youth hostel - Camping site / Auberge de jeunesse - Terrain de camping
Μνημειο - Σκαλα / Denkmal - Anlegestelle		Monument - Landing place / Monument - Embarcadère
Πορθμειο / Fährlinie		Ferry line / Ligne de bac
Χωρος οικοδομησεως / Bebaute Fläche		Built-up area / Zone bâtie
δημοσια κτιρια / Öffentliches Gebäude		Public building / Bâtiment public
Βιομηχανικη περιοχη / Industriegelände		Industrial area / Zone industrielle
Παρκο, δασος - Νεκροταφειο / Park, Wald - Friedhof		Park, forest - Cemetery / Parc, bois - Cimetière
Ορια δακτυλιου / Zone mit Verkehrsbeschränkungen		Restricted traffic zone / Circulation réglementée par des péages
MARCO POLO Διαδρομυ εμπειριας 1 / MARCO POLO Erlebnistour 1		MARCO POLO Discovery Tour 1 / MARCO POLO Tour d'aventure 1
MARCO POLO Διαδρομες εμπειριας / MARCO POLO Erlebnistouren		MARCO POLO Discovery Tours / MARCO POLO Tours d'aventure
MARCO POLO Highlight		MARCO POLO Highlight

FÜR IHRE NÄCHSTE REISE ...

ALLE **MARCO POLO** REISEFÜHRER

DEUTSCHLAND
Allgäu
Bayerischer Wald
Berlin
Bodensee
Chiemgau/
Berchtesgadener
Land
Dresden/
Sächsische Schweiz
Düsseldorf
Eifel
Erzgebirge/
Vogtland
Föhr & Amrum
Franken
Frankfurt
Hamburg
Harz
Heidelberg
Köln
Lausitz/Spreewald/
Zittauer Gebirge
Leipzig
Lüneburger Heide/
Wendland
Mecklenburgische
Seenplatte
Mosel
München
Nordseeküste
Schleswig-Holstein
Oberbayern
Ostfriesische Inseln
Ostfriesland/Nord-
seeküste Nieder-
sachsen/Helgoland
Ostseeküste
Mecklenburg-
Vorpommern
Ostseeküste
Schleswig-Holstein
Pfalz
Potsdam
Rheingau/
Wiesbaden
Rügen/Hiddensee/
Stralsund
Ruhrgebiet
Schwarzwald
Stuttgart
Sylt
Thüringen
Usedom/Greifswald
Weimar

ÖSTERREICH
SCHWEIZ
Kärnten
Österreich
Salzburger Land
Schweiz
Steiermark
Tessin
Tirol
Wien
Zürich

FRANKREICH
Bretagne
Burgund
Côte d'Azur/
Monaco
Elsass
Frankreich
Französische
Atlantikküste
Korsika
Languedoc-
Roussillon
Loire-Tal
Nizza/Antibes/
Cannes/Monaco
Normandie
Paris
Provence

ITALIEN
MALTA
Apulien
Dolomiten
Elba/Toskanischer
Archipel
Emilia-Romagna
Florenz
Gardasee
Golf von Neapel
Ischia
Italien
Italienische Adria
Italien Nord
Italien Süd
Kalabrien
Ligurien/
Cinque Terre
Mailand/
Lombardei
Malta & Gozo
Oberital. Seen
Piemont/Turin
Rom
Sardinien
Sizilien/
Liparische Inseln
Südtirol
Toskana
Venedig
Venetien & Friaul

SPANIEN
PORTUGAL
Algarve
Andalusien
Azoren
Barcelona
Baskenland/
Bilbao
Costa Blanca
Costa Brava
Costa del Sol/
Granada
Fuerteventura
Gran Canaria
Ibiza/Formentera
Jakobsweg
Spanien
La Gomera/
El Hierro
Lanzarote
La Palma
Lissabon
Madeira
Madrid
Mallorca
Menorca
Portugal
Spanien
Teneriffa

NORDEUROPA
Bornholm
Dänemark
Finnland
Island
Kopenhagen
Norwegen
Oslo
Schweden
Stockholm
Südschweden

WESTEUROPA
BENELUX
Amsterdam
Brüssel
Cornwall & Devon
Dublin
Edinburgh
England
Flandern
Irland
Kanalinseln
London
Luxemburg
Niederlande
Niederländische
Küste
Oxford
Schottland
Südengland

OSTEUROPA
Baltikum
Budapest
Danzig
Krakau
Masurische Seen
Moskau
Plattensee
Polen
Polnische
Ostseeküste/
Danzig
Prag
Slowakei
St. Petersburg
Tallinn
Tschechien
Ungarn
Warschau

SÜDOSTEUROPA
Bulgarien
Bulgarische
Schwarzmeerküste
Kroatische Küste
Dalmatien
Kroatische Küste
Istrien/Kvarner
Montenegro
Rumänien
Slowenien

GRIECHENLAND
TÜRKEI
ZYPERN
Athen
Chalkidiki/
Thessaloniki
Griechenland
Festland
Griechische Inseln/
Ägäis
Istanbul
Korfu
Kos
Kreta
Peloponnes
Rhodos
Sámos
Santorini
Türkei
Türkische Südküste
Türkische Westküste
Zákinthos/Itháki/
Kefalloniá/Léfkas
Zypern

NORDAMERIKA
Chicago und
die Großen Seen
Florida
Hawai'i
Kalifornien
Kanada
Kanada Ost
Kanada West
Las Vegas
Los Angeles
New York
San Francisco
USA
USA Ost
USA Südstaaten/
New Orleans
USA Südwest
USA West
Washington D.C.

MITTEL- UND
SÜDAMERIKA
Argentinien
Brasilien
Chile
Costa Rica
Dominikanische
Republik
Jamaika
Karibik/
Große Antillen
Karibik/
Kleine Antillen
Kuba
Mexiko
Peru & Bolivien
Yucatán

AFRIKA UND
VORDERER
ORIENT
Ägypten
Djerba/
Südtunesien
Dubai
Iran
Israel
Jordanien
Kapstadt/
Wine Lands/
Garden Route
Kapverdische
Inseln
Kenia
Marokko
Marrakesch
Namibia
Oman
Rotes Meer & Sinai
Südafrika
Tansania/Sansibar
Tunesien
Vereinigte
Arabische Emirate

ASIEN
Bali/Lombok/Gilis
Bangkok
China
Hongkong/Macau
Indien
Indien/Der Süden
Japan
Kambodscha
Ko Samui/
Ko Phangan
Krabi/
Ko Phi Phi/
Ko Lanta/Ko Jum
Malaysia
Myanmar
Nepal
Peking
Philippinen
Phuket
Shanghai
Singapur
Sri Lanka
Thailand
Tokio
Vietnam

INDISCHER OZEAN
UND PAZIFIK
Australien
Malediven
Mauritius
Neuseeland
Seychellen

Viele MARCO POLO Reiseführer gibt es auch als eBook – und es kommen ständig neue dazu!
Checken Sie das aktuelle Angebot einfach auf: www.marcopolo.de/e-books

REGISTER

In diesem Register sind alle im Reiseführer erwähnten Sehenswürdigkeiten, Museen und Ausflugsziele sowie einige wichtige Stadtteile und Plätze aufgeführt. Gefettete Seitenzahlen verweisen auf den Haupteintrag.

Aféa-Tempel 60
Agía Dínami 29
Ägina 17, 32, 52, 60, 105
Agorá (antike) 13, 25, **29**, 56, 99, 115
Agorá (römische) **42**, 102, 115
Agorá-Museum 29, 115
Akademie der Wissenschaften 44, 104
Akrópolis 13, 15, 16, 28, **32**, 38, 88, 99, 113, 115, 116, 118
Akrópolis-Museum 15, **37**, 99, 113, 118
Anafiótika 28, 68, 102
Anexarthisías 148
Archäologisches Museum von Piräus 52
Archäologisches Nationalmuseum **53**, 76, 115, 116
Ardittós 57
Areopag 13, 16, **38**, 51, 99
Aristoteles-Lyzeum 115
Athener Trilogie 44
Attica Park 108
Benáki-Museum **47**, 76, 105, 115
Beulé-Tor 32, **34**
Byzantinisches Museum 48, 115
Centre of Hellenic Tradition 76
Dafní 58
Diónysos-Theater 25, **39**, 99
Dóra Strátou 87
Eleusis (Eléfsis) 59
Emborikó Trígono 18, **43**, 72
EMST – Nationales Museum für zeitgenössische Kunst 56
Epidauros 111
Epigraphisches Museum 115
Erechtheion 32, 34, **35**, 38, 99
Ethnikó Théatro 86

Eugenides Digital Planetarium 108
Exarchía 23, 47, 80, 91, 110
Flohmarkt 74, 79
Flughafen 109, 114, 116
Gázi 16, 80, 88, 110
Glifáda 117
Hadrian-Bibliothek 40, 102, 115
Hadrian-Bogen 40
Hauptbahnhof 110, 114
Heilige Straße 32
Hellenic Cosmos 53, **56**
Hephaistos-Tempel 16, 25, 29, **30**, 99
Historisches Nationalmuseum 44
Hydra 17, 60
Jüdisches Museum 40
Kantharós-Hafen 52
Kap Soúnion 25, 54, 58, **60**, 95
Kapnikaréa **45**, 110
Karaiskáki-Stadion 24, 107
Kerameikós 16, 43, **45**, 115
Kerameikós-Museum 45, 115
Kessarianí 53, **57**
Kleine Mitrópolis 41
Kolonáki 47, 72, 74, 104, 119
Korenhalle 35, 38
Kriegsmuseum 48
Larísis 110, 114
Likavittós 47, **49**, 105, 110, 116
Limanáki-Bucht 17
Lysíkrates-Denkmal 40
Marathon-Schiniás 95
Markthallen 24, **45**, 73, 98
Mégaro Mousikís Athinón 85, 116
Mikrolímano-Hafen 17, **52**
Mitrópolis **41**, 110
Monastiráki 14, 26, 28, 43, **46**, 71, 88, 98, 101, 114

Museum für kykladische Kunst **50**, 76
Nationalbibliothek 44, 104
Nationalgarten 16, **50**, 105, 108
Nationaloper 85, **86**, 116
Nationaltheater **86**, 116
Néo Faliró 117
Niárchos Cultural Center 57
Nike-Tempel 32, **35**, 38
Nikolaídis-Stadion 24
Numismatisches Museum 104, 115
Odeon des Herodes Atticus **41**, 99, 111, 116
Olympeion 115
Olympiahalle 24
Olympiastadion 24
Olympieion 43
Omónia 26, 43, **46**, 88, 98
Panathenäisches Stadion **51**, 57
Parlament 47
Parthenon 32, 34, 37, 38, 113
Párthenon **36**, 99
Patras 114
Peanía 109
Philopáppos-Hügel 110
Philopáppos-Theater 87
Piräus 17, 24, 27, **51**, 61, 86, 91, **107**, 113, 116, 118
Pláka 15, 24, 28, 62, 72, 80, 85, 88, **101**, 110, 119, 148
Pnyx 15, 34
Póros 17, 60
Poseidon-Tempel 60
Präsidentenpalast 51
Propyläen 32, **34**, 38
Psirrí 18, 23, 43, 62, 73, 80, 88, 92, 93, 100, 119
Saronischer Golf 53, 58, **60**, 80
Schifffahrtsmuseum 52
Síntagma 15, 26, 43, **47**, 88, 99, 104, 110, 114, 117, 119, 148

IMPRESSUM

Skafáki-Bucht 52
Standseilbahn (Likavittós) 49
Stoá des Áttalos **29**
Tempel des Olympischen Zeus 25, **43**, 115
Terra Vibe 110
Thessaloníki 114
Thiseion 13, **30**, 99
Thissío 15, 16, 28, 80, 88, 148
Trenáki 102
Trocadéro-Hafen 53, **58**, 107
Turm der Winde 42, 102
Universität 44, 104
Vouliagméni 17, **47**, **109**
Ymettós 53, 57, 109
Záppion 66, 84
Zéa Marína 17, 52, **53**

SCHREIBEN SIE UNS!

Egal, was Ihnen Tolles im Urlaub begegnet oder Ihnen auf der Seele brennt, lassen Sie es uns wissen! Ob Lob, Kritik oder Ihr ganz persönlicher Tipp – die MARCO POLO Redaktion freut sich auf Ihre Infos.

Wir setzen alles dran, Ihnen möglichst aktuelle Informationen mit auf die Reise zu geben. Dennoch schleichen sich manchmal Fehler ein – trotz gründlicher Recherche unserer Autoren/innen. Sie haben sicherlich Verständnis, dass der Verlag dafür keine Haftung übernehmen kann.

MARCO POLO Redaktion
MAIRDUMONT
Postfach 31 51
73751 Ostfildern
info@marcopolo.de

IMPRESSUM
Titelbild: Akrópolis (Laif/hemis: F. Guiziou)
Fotos: K. Bötig (1 u., 111); Comicdom Con Athens: M. Antoniou (19 u.); DuMont Bildarchiv: Schröder (41); Getty Images: P. Adams (70), L. L. Grandadam (88/89), J. Sweeney (124/125); Getty Images/lechatnoir (3); Getty Images/Lonely Planet Images (53); R. Hackenberg (59); huber-images: Dutton (68 r.), Eisele-Hein (9), K. Kreder (26/27), Schmid (14/15), R. Schmid (33), G. Simeone (60/61); Laif: N. Godwin (11, 74), Heuer (Klappe l.), Hub (10), Huber (4 u., 42/43), Kirchner (22); Laif/hemis: F. Guiziou (1 o.), L. Maisant (48, 67); Laif/IML (18 M.); Laif/Madame Figaro: P. Tootal (Klappe r.); Laif/robertharding: R. Cummins (77), R. Rainford (104); Laif/SZ Photo: J. Giribas (36, 90); Look: Holger Leue (18 o., 46), Pompe (7, 112 o.); Look/age fotostock (2, 35, 113); mauritius images/Af8images/Alamy (6); mauritius images: W. Bibikow (50, 96/97); mauritius images/ Realy Easy Star/Alamy: S. Pipia (20/21); mauritius images/Alamy (24/25, 72/73, 84, 108, 109, 110, 110/111), G. Atsametakis (87), M. Gonda (17, 69, 101), P. Goskov (5, 68 l.), T. Harris (8, 64), C. Iliopoulos (39), E. Shashkina (62/63); mauritius images/ BasilT/Alamy (82); mauritius images/Dorling Kindersley ltd/Alamy (93); mauritius images/Masterfile: R. I. Lloyd (18 u.); mauritius images/National Geographic Creative/Alamy (78); mauritius images/Westend61: G. Fochesato (19 u.); Schapowalow/4Corners: M. Manser (56); Schapowalow/SIME: S. Raccanello (12/13, 94); T. Stankiewicz (4 o., 30, 45, 80/81, 108/109, 112 u.); E. Wrba (55)

15., aktualisierte Auflage 2019
© MAIRDUMONT GmbH & Co. KG, Ostfildern
Chefredaktion: Marion Zorn
Autor: Klaus Bötig; Redaktion: Arnd M. Schuppius
Verlagsredaktion: Lucas Forst-Gill, Susanne Heimburger, Tamara Hub, Johanna Jiranek, Nikolai Michaelis, Kristin Wittemann, Tim Wohlbold
Bildredaktion: Gabriel Forst, Stefanie Wiese. Im Trend: Klaus Bötig; wunder media, München
Kartografie Reiseatlas und Faltkarte: © MAIRDUMONT, Ostfildern
Gestaltung Cover, S. 1, Faltkartencover: Karl Anders – Studio für Brand Profiling, Hamburg; Gestaltung innen: milchhof:atelier, Berlin; Gestaltung S. 2/3, Erlebnistouren: Susan Chaaban Dipl.-Des. (FH)
Sprachführer: in Zusammenarbeit mit Ernst Klett Sprachen GmbH, Stuttgart, Redaktion PONS Wörterbücher
Das Werk einschließlich aller seiner Teile ist urheberrechtlich geschützt. Jede urheberrechtsrelevante Verwertung ist ohne Zustimmung des Verlags unzulässig und strafbar. Das gilt insbesondere für Vervielfältigungen, Übersetzungen, Nachahmungen, Mikroverfilmungen und die Einspeicherung und Verarbeitung in elektronischen Systemen. Printed in Italy

MIX
Paper from responsible sources
FSC® C015829

BLOSS NICHT

Es gibt kaum Touristenfallen, doch auf einiges sollten Sie achten

WASSER ABLEHNEN

In fast allen Lokalen Athens wird Ihnen noch vor der Bestellung Leitungswasser kostenlos auf den Tisch gestellt. Das ist ein guter, alter griechischer Brauch. Lehnen Sie es nicht ab – sonst wird Ausländern demnächst dieser Service nicht mehr geboten. In vielen Touristenzentren des Landes ist das leider schon so.

„ATHENS BY NIGHT" BUCHEN

Hotels und Reisebüros bieten Folkloreabende in der Pláka an. Echte Folklore erleben Sie dabei nicht: Zu schlechtem Essen wird eine Show serviert, an deren Ende man selbst mit herumhopsen kann. Griechische Tänze schauen Sie besser im Tanztheater Dóra Strátou an.

DIEBEN ZUM OPFER FALLEN

In Griechenland gibt es zwar wenig Kriminalität, in einer Großstadt wie Athen sollte man aber trotzdem vor Taschendieben auf der Hut sein. Besondere Aufmerksamkeit empfiehlt sich in der Metro zwischen Omónia-Platz und Thissío, auf dem Flohmarkt und überall, wo Gedränge herrscht.

MIETWAGEN IM HOTEL BUCHEN

Wer einen Mietwagen im Hotel oder im Reisebüro bucht, zahlt die Provision für die Vermittlung mit. Bei den vielen kleinen Autovermietfirmen am Anfang des *Leofóros Singroú (Hausnummern 1–50)* **(123 E6)** *(ⓜ J5)* können Sie bessere Preise erzielen. Oft ist es aber sogar günstiger, von zu Hause aus gute Internettarife zu suchen.

FREIZÜGIG GEKLEIDET KIRCHEN BESUCHEN

Nackte Schultern, Shorts und Miniröcke werden in Kirchen nicht gern gesehen. Wer sich ganz korrekt verhalten will, hält in Kirchen die Hände nicht auf dem Rücken, schlägt die Beine nicht übereinander und kehrt dicht vor Ikonen stehend ihnen nicht den Rücken zu. Übrigens: Kerzen dürfen auch Ausländer gerne entzünden.

ZUR PLATÍA VATHÍS GEHEN

Der kleine, auch Anexarthisías genannte Platz nordwestlich vom Omónia-Platz hat sich zum nächtlichen Dealertreff Athens entwickelt. Bei Dunkelheit sollte man ihn meiden.

NACH TAXIS WINKEN

In den Hauptverkehrszeiten am Straßenrand ein Taxi anhalten zu wollen ist oft aussichtslos. Gehen Sie besser in ein Hotel und lassen Sie sich dort ein nur geringfügig teureres Funktaxi rufen.

SICH IN BARS LOCKEN LASSEN

Um den Síntagma-Platz werden männliche Singles öfter auf Deutsch von Männern angesprochen, die mit ihnen reden möchten. Der Schlepper schlägt dafür eine Bar vor; da er irgendwann verschwindet, zahlt der „Gast".